ENGLISCH mit Köpfchen

„Think in English"

Heft 3 – Grammatikübungen
4. Grundschulklasse
2. Englischjahr

mit herausnehmbaren Lösungen

erarbeitet von
Hermann-Dietrich Hornschuh

unter Mitarbeit von
Rebecca Rüggen

illustriert von
Elisabeth Lottermoser

Mildenberger Verlag

Bestell-Nr. 4901-42 · ISBN 3-619-49142-9

Internetadresse: www.mildenberger-verlag.de
E-Mail: info@mildenberger-verlag.de

Auflage Druck 4 3 2 1
Jahr 2008 2007 2006 2005

Druck: Koelblin-Fortuna-Druck, 76532 Baden-Baden
Gedruckt auf umweltfreundlichen Papieren

Zu diesem Heft

An Eltern und Lehrer

„Englisch mit Köpfchen“ ist der Titel einer Reihe von sechs Übungsheften für die Schülerinnen und Schüler der dritten und vierten Grundschulklassen. Mit diesen Heften kann unabhängig vom Lehrbuch gearbeitet werden. Sie haben zum Ziel, auf spielerische Art und Weise an die englische Sprache heranzuführen. Das vorliegende Heft „Grammatikübungen für die 4. Grundschulklasse“ soll die Schülerinnen und Schüler beim Erlernen der englischen Grammatik (Sprachlehre) unterstützen. Für jedes der beiden Schuljahre gibt es drei Hefte: Wortübungen, Satzübungen und Grammatikübungen. Die jedem Heft beiliegenden Lösungen dienen zur Kontrolle der erarbeiteten Ergebnisse.

An Schülerinnen und Schüler

Englisch wird nicht nur in England und in den Vereinigten Staaten von Amerika gesprochen, sondern in der ganzen Welt. Wer Englisch kann, ist in der Lage, sich in fast jedem Land der Erde zu verständigen.

Auch bei uns begegnen wir ständig englischen Wörtern. Diese sind uns zum Teil so vertraut, dass wir sie ganz selbstverständlich schon wie deutsche Wörter verwenden. Beispiele: Skateboard, football oder walkman.

Vor allem auch in der Technik kommen wir ohne englische Wörter nicht mehr aus. Beispiele: Auto (air-bag), Computer (internet) oder Flugzeug (cockpit).

Mit diesem Heft lernst du die wichtigsten Regeln der englischen Sprache kennen. Aber damit nicht genug. Du lernst auch, diese bei Wörtern und Sätzen richtig anzuwenden. Du wirst sehen, dass man beim Erlernen einer neuen Sprache viel Spaß haben kann. Dazu tragen auch die vielen lustigen Zeichnungen bei. Durch diese wird dir manches erst richtig verständlich. Jedes Kapitel ist auf zwei gegenüberliegenden Seiten dargestellt. Immer auf den linken Seiten lernst du das neue Thema und die zugehörigen Wörter und Sätze kennen. Die rechten Seiten dienen stets dazu, diese fehlerfrei zu schreiben.

Willst du überprüfen, ob deine Ergebnisse stimmen, kannst du in der Lösungsbeilage nachsehen. Manchmal kannst du auch sofort feststellen, ob du richtig gearbeitet hast. Dabei hilft dir dann ein Lösungswort, nach dem du suchen musst. Manche Aufgaben wirst du vielleicht nicht sofort lösen können. Aber nach einigem Nachdenken bist du bestimmt erfolgreich.

Auf den letzten sechs Seiten sind alle englischen und deutschen Wörter aus diesem Heft mit ihren Übersetzungen alphabetisch angeordnet. So kannst du leicht herausfinden, wie zum Beispiel house im Deutschen oder Maus im Englischen geschrieben wird.

Einige nützliche Tipps:

- Du musst nicht das ganze Heft von vorn nach hinten durcharbeiten, du kannst dir auch ein beliebiges Thema aussuchen.
- Sieh immer möglichst erst dann zur Kontrolle in die Lösungsbeilage, wenn du selbst ein Ergebnis erarbeitet hast.
- Wiederhole die verschiedenen Themen, sobald du dazu Gelegenheit hast, gleichgültig, ob du beim ersten Durcharbeiten Fehler gemacht hast oder nicht. Je öfter du das machst, desto leichter fällt dir mit der Zeit die englische Sprache.

Wenn du für ein englisches Wort die deutsche Übersetzung oder für ein deutsches Wort die englische Übersetzung suchst, brauchst du nur in den beiden Wörterlisten auf den Seiten 34/36 oder 37/39 nachzusehen.

Sowohl in der deutschen als auch in der englischen Sprache werden oft lateinische Bezeichnungen verwendet, von denen die wichtigsten in der folgenden Übersicht zusammengefasst sind.

Nomen oder Substantiv	Hauptwort oder Namenwort oder Dingwort
Verb	Tätigkeitswort oder Tunwort oder Zeitwort
Adjektiv	Eigenschaftswort oder Wiewort
Artikel	Begleiter oder Geschlechtswort
Pronomen	Fürwort
Präposition	Verhältniswort
Subjekt	Satzgegenstand
Prädikat	Satzaussage oder Satzkern
Objekt	Ergänzung
Konsonant	Mitlaut
Vokal	Selbstlaut
Singular	Einzahl
Plural	Mehrzahl

Wird im Englischen aus der Einzahl die Mehrzahl dadurch gebildet, dass nur der Buchstabe „s" angehängt wird, dann enthalten die Wortverzeichnisse am Schluss des Heftes nur die Bezeichnungen für die Einzahl.

Contents

Inhaltsverzeichnis

Plural forms

Wie du sicher weißt, wird im Englischen sehr oft die Mehrzahl dadurch gebildet, dass an das Wort der Einzahl der Buchstabe **s** angehängt wird.

Hund	→	Hunde	dog	→	**dogs**
Katze	→	Katzen	cat	→	**cats**
Pferd	→	Pferde	horse	→	**horses**
Haus	→	Häuser	house	→	**houses**

Regel

Es gibt aber noch weitere Mehrzahlformen, die durch Änderung der Schreibweise gebildet werden.

1. Wörter, die am Schluss ein **ss**, **x**, **ch**, **sh** oder **o** haben, enden in der Mehrzahl auf **es**.

Glas	→	Gläser	glass	→	**glasses**
Schachtel	→	Schachteln	box	→	**boxes**
Armbanduhr	→	Armbanduhren	watch	→	**watches**
Schüssel	→	Schüsseln	dish	→	**dishes**
Kartoffel	→	Kartoffeln	potato	→	**potatoes**

2. Wörter, die am Schluss ein **f** oder **fe** haben, enden in der Mehrzahl auf **ves**.

Brett	→	Bretter	shelf	→	**shelves**
Messer	→	Messer	knife	→	**knives**

3. Wörter, die nach einem Konsonanten am Schluss ein **y** haben, enden in der Mehrzahl auf **ies**.

Dame	→	Damen	lady	→	**ladies**

4. Wörter, die nach einem Vokal am Schluss ein **y** haben, enden in der Mehrzahl auf **ys**.

Junge	→	Jungen	boy	→	**boys**

① Schreibe immer in die letzte Spalte das richtige englische Mehrzahlwort.

Dieb	→	Diebe	thief	→	~~thiefes~~ thieves
Fuchs	→	Füchse	fox	→	foxes
Familie	→	Familien	family	→	families
Schlüssel	→	Schlüssel	key	→	keys

Mehrzahlformen

Es gibt aber auch englische Wörter, deren Mehrzahl nicht nach einer bestimmten Regel gebildet werden. Diese solltest du dir unbedingt merken.

Mann	→	Männer	man	→	**men**
Frau	→	Frauen	woman	→	**women**
Kind	→	Kinder	child	→	**children**
Maus	→	Mäuse	mouse	→	**mice**
Gans	→	Gänse	goose	→	**geese**
Zahn	→	Zähne	tooth	→	**teeth**
Fuß	→	Füße	foot	→	**feet**

Ebenso merken solltest du die Wörter, die im Englischen in der Einzahl und in der Mehrzahl gleich sind.

Schaf	→	Schafe	sheep	→	**sheep**
Fisch	→	Fische	fish	→	**fish**
Haar	→	Haare	hair	→	**hair**

② Trage in das Wortgitter immer die richtige Mehrzahl in Englisch ein. Wenn du die Aufgabe richtig gelöst hast, kannst du in der grau unterlegten Spalte von oben nach unten ein Lösungswort finden.

Brücken	BRICHES
Kinder	chilDREN
Tage	DAYS
Städte	CITIES
Spiele	GAMES
Hände	HANDS
Schlüssel	KEYS
Finger	FINGERS

Das Lösungswort lautet: INDIANER.

Present simple negative sentences

Wiederholung

Im Deutschen bedeutet **present simple** soviel wie einfache **Gegenwartsform**.

Regel

Das present simple wird angewandt, wenn ein Lebewesen (ein Mensch oder ein Tier) etwas regelmäßig, oft, immer oder niemals tut.

Es wird stets mit der Grundform des Tätigkeitswortes gebildet. In der dritten Person Einzahl wird im Englischen bei he, she oder it immer ein **s** angehängt.

Merke: „Bei he, she, it – ein s muss mit!"

Beispiele: ich spiele, du spielst → I play, you play
er spielt, sie spielt, es spielt → he play**s**, she play**s**, it play**s**
wir spielen, ihr spielt, sie spielen → we play, you play, they play

Verneinung

Im Englischen werden zur Verneinung der Verben in der einfachen Vergangenheit die Langformen **do not** oder **does not** bzw. die Kurzformen **don't** oder **doesn't** gebraucht.

③ Trage in die rechte Spalte die richtigen Kurzformen der Verneinung von **to play** ein.

I do not play tennis.	I don't play tennis
You do not play tennis.	You don't play tennis
He, she, it does not play tennis.	He, she, it doesn't play tennis
We do not play tennis.	We don't play tennis
You do not play tennis.	You don't play tennis.
They do not play tennis.	They don't play tennis

Die Verneinung in der einfachen Gegenwart

④ Was wissen wir über Sarah? Schau das Bild genau an!
Schreibe diesen Satz in die erste Zeile, die Übersetzung in die zweite.

Sarah likes ham and eggs and she likes apples.

Sarah doesn't like ham and eggs but she likes apples.

Sarah likes ham and eggs but she doesn't like apples.

Sarah doesn't like ham and eggs and she doesn't like apples.

Sarah likes apples

____

⑤ Was wissen wir über Kevin? Schau das Bild genau an!
Schreibe diesen Satz in die erste Zeile, die Übersetzung in die zweite.

Kevin plays football and he plays the piano.

Kevin plays the piano but he doesn't play football.

Kevin plays football but he doesn't play the piano.

Kevin doesn't play the piano and he doesn't play football.

Kevin plays football.

____

⑥ **Übersetze.**

I like bananas but I don't like pears. (b;rnen)

____

I like dogs but I don't like cats.

____

I like coffee but I don't like tea.

____

Ich mag Elefanten, aber ich mag keine Tiger.

____

Ich mag Schokolade, aber ich mag keine Tomaten.

tomatoes

Ich mag Kirschen, aber ich mag keine Pflaumen.

____

Present progressive negative sentences

Wiederholung

Auf der vorherigen Doppelseite haben wir das „present simple“, die „einfache Gegenwart“ wiederholt. Auf dieser Doppelseite wollen wir uns mit dem **present progressive**, der **Verlaufsform der Gegenwart**, nochmals beschäftigen. Diese Form gibt es im Deutschen nicht. Sie wird gebraucht, wenn Tätigkeiten beschrieben werden sollen, die gerade (in diesem Moment) stattfinden oder noch nicht beendet sind.

Regel

Wie bilden wir diese Verlaufsform der Gegenwart?

Erstens:
Wir brauchen zunächst ein Hauptwort oder ein persönliches Fürwort. Beispiel: **I**

Zweitens:
Dann brauchen wir eine Form des Zeitwortes „sein“.
Beispiel: **I am**

Drittens:
Schließlich brauchen wir noch ein Tätigkeitswort in der ing-Form.
Beispiel: **I am speaking**.

Merke: Wenn du sagst: „I speak English.“, dann heißt das, dass du Englisch sprechen kannst. Wenn du aber sagst: „I am speaking English.“, dann heißt das, dass du gerade in diesem Moment Englisch sprichst.

Verneinung

Die Verneinung in der Verlaufsform der Gegenwart wird gebildet, indem die Form des Verbs **to be** durch Anhängen von **not** verneint wird.
Dies kann in der Langform oder in der Kurzform geschehen.

Die Verneinung in der Langform	**Die Verneinung in der Kurzform**
I am not working.	I’m not working.
You are not working.	You aren’t working.
He is not working.	He isn’t working.
She is not working.	She isn’t working.
It is not working.	It isn’t working.
We are not working.	We aren’t working.
You are not working.	You aren’t working.
They are not working.	They aren’t working.

Die Verneinung in der Verlaufsform der Gegenwart

⑦ Hier siehst du einige Piktogramme.
Das sind Symbole mit bestimmten Bedeutungen.

Schreibe zu jedem Schild den richtigen englischen Satz.

Bitte nicht rauchen. ______________________

Bitte nicht reiten. ______________________

Bitte nicht halten. ______________________

Bitte nicht fahren. ______________________

⑧ Übersetze die deutschen Sätze in die englische Langform.

Ich schreibe nicht, ich lese. ______________________

Du putzt nicht, du kochst. ______________________

Bill steht nicht, er sitzt. ______________________

Mary springt nicht, sie schwimmt. ______________________

Es ist nicht dunkel, es ist hell. ______________________

Wir fahren nicht ans Meer, wir fahren in die Berge. ______________________

____

Ihr geht nicht ins Kino, ihr geht ins Theater. ______________________

____

Sie spielen nicht Fußball, sie spielen Handball. ______________________

____

⑨ Übersetze ins Englische.

Er schreibt im Moment nicht. ______________________

____

Sie lacht im Moment nicht. ______________________

____

Questions without question words

Auf der Tafel stehen vier englische Fragesätze, von denen drei falsch sind.

1. Satz: Do Roger play the piano?

2. Satz: Does Roger play the piano?

3. Satz: Do Roger plays the piano?

4. Satz: Does Roger plays the Piano?

Welcher Satz ist die richtige Übersetzung von „Spielt Roger Klavier?“

Regel

Wir überlegen zunächst:
Der Vorname Roger kann durch das persönliche Fürwort **he** ersetzt werden. Das bedeutet, dass es sich um die 3. Person Einzahl handelt. Der Satz muss also mit **does** und darf nicht mit **do** beginnen. Also sind die Sätze 1 und 3 falsch.

Wir überlegen weiter:
Bei der 3. Person Einzahl muss ein s angehängt werden. Wir erinnern uns: „Bei he, she, it – ein s muss mit.“ Im Satz 1 ist ein s und im Satz 4 sind zwei s angehängt. Also ist auch der Satz 4 falsch. Richtig ist somit nur der 2. Satz:

Does Roger play the piano? .

⑩ Wie heißen die folgenden englischen Fragesätze im Deutschen?

Are you from London? ____________________

Are you from Scotland? ____________________

Does Amalie play the guitar? ____________________

Does Susan lay the table? ____________________

Does she lay the table? ____________________

Does he make the coffee? ____________________

Have you got a brother? ____________________

Fragesätze ohne Fragewörter

⑪ Schreibe die Fragen und Antworten auf Englisch.

Schreibt der Vater einen Brief? Nein, er liest ein Buch.

Streichelt der Junge einen Hund? Nein, er streichelt eine Katze.

Kocht die Mutter Spagetti? Nein, sie kocht Eier.

Spielt Sam Fußball? Nein, er spielt Handball.

Isst das Kind Kirschen? Nein, es isst Bananen.

Liegt der Ball auf dem Tisch? Nein, er liegt unter dem Tisch.

⑫ Verwandle die folgenden Aussagesätze in Fragesätze.

Maths is fun.

School is cool.

Tom is clever.

Teachers are okay.

Cars are fast.

Snails are slow.

The girl is nice.

The boy is strong.

Questions with question words

Auf der vorherigen Doppelseite haben wir Fragesätze ohne Fragewörter kennen gelernt. Nun wollen wir uns Fragesätzen zuwenden, die mit einem Fragewort beginnen.

Regel

Fragesätze mit Fragewörtern bildet man mit **do** oder mit **does**.
Dabei steht das Fragewort stets am Anfang des Satzes.
Die wichtigsten Fragewörter sind folgende:

wo	warum	wer
where	why	who
was	???	wessen
what	???	whose
wie	wann	welche
how	when	which

Drei Besonderheiten solltest du dir merken:

1. Ist das Verb eine Form von to be, musst du do und does nicht verwenden.
   Beispiel: When is your birthday?
2. Fragst du nach einer Person, dann musst du das Fragewort who verwenden.
   Beispiel: Who runs in the park?
3. Wird nach einer Person gefragt, verwendet man who, wird nach einer Sache gefragt, verwendet man what, wird nach einem Ort gefragt, verwendet man why, wird nach einer Eigenschaft gefragt, verwendet man how und wird nach einem Besitzer gefragt, verwendet man whose.

Fragesätze mit Fragewörtern

⑬ Ergänze in den folgenden Fragesätzen die fehlenden Fragewörter.

________________ is Marcel up the tree?

________________ do you want for breakfast?

________________ does the boy get up?

________________ is your favourite colour?

________________ is my bike?

________________ is on the phone?

________________ old is the man?

________________ newspaper is that?

⑭ Übersetze diese Wiederholungsfragen ins Deutsche.

Hello, how are you? ________________

What is your name? ________________

What are their names? ________________

What is that? ________________

Where do you go to school? ________________

Where do you live? ________________

Do you speak English? ________________

How old are you? ________________

How old are they? ________________

Personal pronouns subject case

Wörter, die in einem Satz ein Hauptwort ersetzen können, nennt man Personalpronomen. Sie heißen im Deutschen persönliche Fürwörter und im Englischen personal pronouns. Personalpronomen können ein Subjekt, einen Satzgegenstand, ersetzen. Man spricht dann von „Personalpronomen in der Subjektform“.

Regel

1. Person Einzahl	ich	**I**
2. Person Einzahl	du	**you**
3. Person Einzahl	er	**he**
3. Person Einzahl	sie	**she**
3. Person Einzahl	es	**it**
1. Person Mehrzahl	wir	**we**
2. Person Mehrzahl	ihr	**you**
3. Person Mehrzahl	sie	**they**

⑮ Ersetze in den folgenden Sätzen den Satzgegenstand durch ein persönliches Fürwort.

Merke: Das Personalpronomen als Subjekt steht in Aussagesätzen meist an erster oder zweiter Stelle.

Kevin is my brother.  ______________________

Mary is my sister. ______________________

Mr Miller is my grandfather. ______________________

Mrs Miller is my grandmother. ______________________

Mr Brook is my teacher. ______________________

Mrs Brook is my teacher. ______________________

The dog is my friend. ______________________

The cat is my friend. ______________________

Personalpronomen im Subjektfall

Welche persönlichen Fürwörter können ein Subjekt oder einen Satzgegenstand ersetzen?

1. Person Einzahl
Ich sage etwas über meine Person aus:
I am a boy.

2. Person Einzahl
Ich sage etwas über eine andere Person aus:
You are a girl.

3. Person Einzahl

a) Ich sage etwas über eine männliche Person aus:
He is a policeman.

b) Ich sage etwas über eine weibliche Person aus:
She is a housewife.

c) Ich sage etwas über einen Gegenstand aus:
It is a book.

1. Person Mehrzahl
Ich sage etwas über meine Person und andere Personen aus:
We are football fans.

2. Person Mehrzahl
Ich sage etwas zu anderen Personen:
You are football fans.

3. Person Mehrzahl
Ich sage etwas über andere Personen aus:
They are football fans.

⑯ Welches englische Personalpronomen trifft auf das jeweilige Bild zu? Kreise es ein.

he she it	he she it	he she it

he she it	he she it	he she it

Personal pronouns object case

Persönliche Fürwörter können auch als Objekte, Satzergänzungen, im dritten oder vierten Fall verwendet werden. Im Englischen gibt es nur eine Objektform.

Regel

Persönliche Fürwörter als Objekte im dritten Fall:

Susan gives **me** the book.	Susan gibt **mir** das Buch.
Susan gives **you** the book.	Susan gibt **dir** das Buch.
Susan gives **him** the book.	Susan gibt **ihm** das Buch.
Susan gives **her** the book.	Susan gibt **ihr** das Buch.
Susan gives **it** the book.	Susan gibt **ihm** das Buch.
Susan gives **us** the book.	Susan gibt **uns** das Buch.
Susan gives **you** the book.	Susan gibt **euch** das Buch.
Susan gives **them** the book.	Susan gibt **ihnen** das Buch.

Persönliche Fürwörter als Objekte im vierten Fall:

Peter can see **me**.	Peter kann **mich** sehen.
Peter can see **you**.	Peter kann **dich** sehen.
Peter can see **him**.	Peter kann **ihn** sehen.
Peter can see **her**.	Peter kann **sie** sehen.
Peter can see **it**.	Peter kann **es** sehen.
Peter can see **us**.	Peter kann **uns** sehen.
Peter can see **you**.	Peter kann **euch** sehen.
Peter can see **them**.	Peter kann **sie** sehen.

Merke: Im Englischen wird in der Objektform nicht zwischen dem dritten und vierten Fall unterschieden. Deshalb gibt es beim Übersetzen keine bestimmte Regel. Welches persönliche Fürwort gebraucht wird, ergibt sich aus dem jeweiligen Satzzusammenhang.

Personalpronomen im Objektfall

⑰ Zu jedem Bild sind vier Sätze angegeben. Aber nur jeweils ein Satz ist richtig. Schreibe diesen immer in die freie Zeile.

The boy can ask her.

The boy can ask us.

The boy can ask him.

The boy can ask them.

Give us the pocket calculator, please.

Give me the pocket calculator, please.

Give her the pocket calculator, please.

Give them the pocket calculator, please.

The postman gives him the letter.

The postman gives it the letter.

The postman gives her the letter.

The postman gives us the letter.

Prepositions of place

Präpositionen sind Verhältniswörter. Vor allem die Verhältniswörter des Ortes und der Zeit sind von besonderer Wichtigkeit.

Regel

Präpositionen des Ortes sind Wörter, mit denen beschrieben wird, wo sich etwas oder wo sich jemand befindet.
Wichtige Verhältniswörter des Ortes sind:

behind	→	hinter	in front of	→	vor
between	→	zwischen	beside	→	neben
over	→	über	in	→	in
under	→	unter	on	→	auf
across	→	durch	along	→	entlang
near	→	nahe	against	→	gegen

⑱ Trage in den folgenden Sätzen das richtige Verhältniswort in Englisch ein.

The boy is kicking his ball ____________________ the wall.
gegen

The horse is swimming ____________________ the river.
durch

The cat is standing ____________________ the chair.
neben

The book is lying ____________________ the table.
auf

The man is parking his car ____________________ the house.
vor

The plane is flying ____________________ the mountain.
über

The fox is running ____________________ the mouse.
hinter

The cyclist is riding ____________________ the street.
entlang

Präpositionen des Ortes

Präpositionen werden oft in Redewendungen gebraucht, die nicht wörtlich übersetzt werden können. Diese muss man sich einfach merken. Einige Beispiele für „in“ und „on“ sollen dies zeigen:

in	in bed	in English	in the sky	in the world
	im Bett	auf Englisch	am Himmel	auf der Welt

on	on the left	on the right	on my way	on the train
	links	rechts	unterwegs	im Zug

⑲ Übersetze ins Englische.

Mein Vater läuft links.

____

Meine Mutter läuft rechts.

____

Mein Bruder liegt im Bett.

____

Eine Wolke ist am Himmel.

____

Der Wal ist das größte Tier auf der Welt.

____

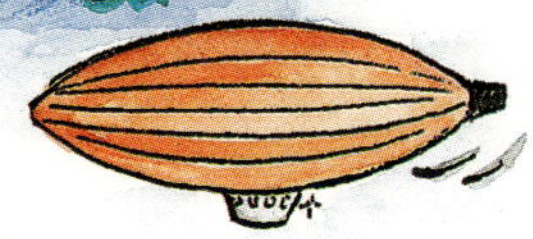

Ein Zeppelin fliegt am Himmel.

____

Ich bin unterwegs.

____

Meine Lehrerin antwortet auf Englisch.

____

Prepositions of time

Nach den Verhältniswörtern des Ortes wollen wir uns nun die Verhältniswörter der Zeit näher ansehen.

Regel

Präpositionen der Zeit sind Wörter, mit denen beschrieben wird, zu welcher Zeit oder zu welchem Zeitpunkt etwas stattfindet. Die Verwendung dieser Präpositionen ist nicht einfach. Man muss sie sich einfach merken. Einige Beispiele sollen das zeigen.

1. Die Präpositionen **before** and **after** verwendet man beispielsweise so:
   I go to bed before midnight.
   Ich gehe vor Mitternacht ins Bett.
   I go to bed after midnight.
   Ich gehe nach Mitternacht ins Bett.

2. Die Präpositionen **to** and **past** verwendet man beispielsweise so:
   I go to bed at ten minutes to midnight.
   Ich gehe zehn Minuten vor Mitternacht ins Bett.
   I go to bed at ten minutes past midnight.
   Ich gehe zehn Minuten nach Mitternacht ins Bett.

3. Von besonderer Bedeutung sind die Verhältniswörter **in**, **on** und **at**:

… in the beginning …	… am Anfang …
… in August …	… im August …
… in summer …	… im Sommer …
… in the morning …	… vormittags …
… in the afternoon …	… nachmittags …
… in the evening …	… abends …
… at the moment …	… im Moment …
… at the end …	… am Ende …
… at the weekend …	… am Wochenende …
… at Christmas …	… zu Weihnachten …
… on Sunday …	… am Sonntag …

Präpositionen der Zeit

⑳ Wie heißen die folgenden Sätze im Englischen?

Kim geht vor Mitternacht ins Bett.

____

Sven geht nach Mitternacht ins Bett.

____

Mary geht um 23.30 Uhr ins Bett.

____

Susan geht um 0.30 Uhr ins Bett.

____

㉑ Welche Präpositionen fehlen?

____________ Saturday he plays football.

Our teacher was born ____________ December.

Santa Claus comes ____________ Christmas.

I have lunch ____________ half past twelve.

My father switches on the television ____________ a quarter to eight.

It always snows a lot ____________ February.

We always go to the mountains ____________ summer.

㉒ Übersetze ins Englische.

Am Wochenende gehen wir schwimmen.

____

In diesem Moment regnet es.

____

Abends gehen wir ins Bett.

____

Am Schluss der Stunde singen wir ein Lied.

____

Possessive pronouns

Wörter, die den Besitz oder eine Zugehörigkeit ausdrücken, nennt man Possessivpronomen oder besitzanzeigende Fürwörter. Im Englischen nennt man sie possessive pronouns.

Regel

Possesive pronouns

my, **your**, **his**, **her**, **its**, **our**, **your**, **their**

Besitzanzeigende Fürwörter

mein, **dein**, **sein**, **ihr**, **sein**, **unser**, **euer**, **ihr**

Das ist **mein** Auto.	This is **my** car.
Das ist **dein** Buch.	This is **your** book.
Das ist **sein** Ball.	This is **his** ball.
Das ist **ihr** Stift.	This is **her** pencil.
Das ist **sein** Knochen.	This is **its** bone.
Das ist **unser** Haus.	This is **our** house.
Das ist **eure** Bank.	This is **your** bench.
Das ist **ihr** Boot.	This is **their** boat.

Besitzanzeigende Fürwörter

㉓ Hier siehst du den „Stammbaum“ der Geschwister Emily, Bob, Roger und Susan.

Fülle die Leerstellen mit den richtigen besitzanzeigenden Fürwörtern aus.

Grandparents Black: „Father Black is ____________ son.“

Grandparents White: „Mother Black is ____________ daughter.“

Parents Black: „Emily, Bob, Roger and Susan are ____________ children.“

Emily and Susan: „Bob and Roger are ____________ brothers.“

Bob and Roger: „Emily and Susan are ____________ sisters.“

Emily, Bob, Roger and Susan: „Father and mother Black are ____________ parents.“

Demonstrative pronouns

Wörter, die auf eine Person oder einen Gegenstand hinweisen, nennt man Demonstrativpronomen oder hinweisende Fürwörter. Im Englischen nennt man sie demonstrative pronouns.

Hinweisende Fürwörter in der Einzahl sind this and that.
This kann ins Deutsche mit dieser, diese oder dieses übersetzt werden.
That kann ins Deutsche mit jener, jene oder jenes übersetzt werden.

Hinweisende Fürwörter in der Mehrzahl sind these and those.
These wird ins Deutsche übersetzt mit diese.
Those wird ins Deutsche übersetzt mit jene.

Erklärungen:

1. This (in der Einzahl) und these (in der Mehrzahl) werden bei nahe liegenden Gegenständen oder bei näher bekannten Personen angewendet.
2. That (in der Einzahl) oder those (in der Mehrzahl) werden bei weiter entfernten Gegenständen oder bei weiter bekannten Personen angewendet.
3. This (in der Einzahl) und these (in der Mehrzahl) weisen auf Personen oder Gegenstände hin, die in der Nähe des Sprechers (Schreibers sind).
4. That (in der Einzahl) und those (in der Mehrzahl) weisen auf Personen oder Gegenstände hin, die weiter vom Sprecher (Schreiber) entfernt sind.

Mustersätze zu den Erklärungen:

1. This is an English book and that is a German book.
   Dieses ist ein Englischbuch und jenes ist ein Deutschbuch.
2. These are red cars and those are blue cars.
   Diese sind rote Autos und jene sind blaue Autos.
3. Kim, this is Kevin and that is Roger.
   Kim, dies ist Kevin und das ist Roger.
4. May, these are your balls and Ann, those are your balls.
   May, diese sind deine Bälle und Ann, jene sind deine Bälle.

Hinweisende Fürwörter

㉔ Trage in jedem Satz die beiden fehlenden Demonstrativpronomen ein.

______________ small house and ______________ big houses are nice.

______________ girl and ______________ boys are in my class.

______________ red ball and ______________ blue balls are okay.

______________ rat and ______________ mice are in my room.

㉕ Setze richtig „this“ oder „that“ bzw. „these“ oder „those“ vor die Hauptwörter.

______________ car here.  ______________ car over there.

______________ shirt here.  ______________ shirts over there.

______________ books here.  ______________ books over there.

______________ bike here.  ______________ bike over there.

㉖ Ergänze die jeweils fehlende Form in der Einzahl oder Mehrzahl.

that tomate	______________ tomatoes
______________ potato	those potatoes
this orange	______________ oranges
______________ banana	these bananas
that pear	______________ pears
this cherry	______________ cherries
______________ lady	those ladies
______________ teacher	these teachers

The s-genitive singular

Wenn man beschreiben will, dass eine Person zu einer anderen Person in einer Beziehung steht, ein Gegenstand einer Person oder einem Tier gehört, wendet man im Englischen den Genitiv mit **s** an.

Regel

Der Genitiv mit **s** wird gebildet, indem an das Subjekt oder den Satzgegenstand in der Einzahl der Buchstabe s zusammen mit einem Apostroph (Auslassungszeichen) angehängt wird.

Beispiele für eine Person, die zu einer anderen Person in Beziehung steht:

… Vaters Sohn … — … father's son …

… Mutters Tochter … — … mother's daughter …

Beispiele für einen Gegenstand, der einer anderen Person gehört:

… Kims Bleistift … — … Kim's pencil …

… Katjas Radiergummi … — … Katja's rubber …

Beispiele für ein Tier, das einer Person gehört:

… Lauras Hund … — … Laura's dog…

… Bills Katze … — … Bill's cat…

Beispiele für einen Gegenstand, der einem Tier gehört:

… der Knochen des Hundes … — … dog's bone …

… der Ball der Katze … — … cat's ball …

㉗ Übersetze ins Deutsche.

This is Tom's uncle.

____

This is Mary's aunt.

____

This is Mr Miller's pear.

____

This is Mrs Miller's apple.

____

Der zweite Fall mit s in der Einzahl

㉘ Neben jedem der folgenden vier Bilder stehen jeweils vier Sätze, von denen aber immer nur einer zu dem Bild passt. Die Kennbuchstaben der richtigen Sätze ergeben, von oben nach unten gelesen, ein Lösungswort.

Mary's book is green.

Mary's book is black.

Mary's book is red.

Mary's book is blue.

K

I

M

R

Bobby's bike is grey.

Bobby's bike is red.

Bobby's bike is yellow.

Bobby's bike is pink.

S

I

Z

A

This is Tom's uncle.

This is Tom's brother.

This is Tom's sister.

This is Tom's aunt.

Y

N

P

C

This is Ellen's brother.

This is Ellen's uncle.

This is Ellen's aunt.

This is Ellen's sister.

D

J

X

G

Das Lösungswort heißt im Englischen ______________ und im Deutschen

______________ .

The s-genitive plural

Der Genitiv Singular wird angewendet, wenn der Besitzer eine Person oder ein Tier ist.
Der Genitiv Plural wird angewendet, wenn mehrere Personen oder Tiere Besitzer sind.

Regel

1. Wenn ein Wort in der Mehrzahl mit dem Buchstaben s endet, wird im Genitiv nur ein Apostroph angehängt.
2. Wenn ein Wort in der Mehrzahl nicht mit dem Buchstaben s endet, wird im Genitiv ein Buchstabe s mit Apostroph angehängt.

Beispiele für Wörter in der Mehrzahl, die mit s enden:

girl – girls, book – books

The girls' books

boy – boys, football – footballs

The boys' footballs

girl – girls, book

The girls' book

boy – boys, football

The boys' football

Beispiele für Wörter in der Mehrzahl, die nicht mit s enden:

woman – women, doll – dolls

The women's dolls

man – men, car – cars

The men's cars

woman – women, doll

The women's doll

man – men, car

The men's car

Der zweite Fall mit s in der Mehrzahl

㉙ Schreibe jeweils den richtigen Satz in die freie Zeile.

The children have got a yellow ball.

The children's
The childrens' ball is yellow.
The childrens's

My parents have got a nice garden.

My parent's
My parents' garden is nice.
My parents's

The Miller family has got a new house.

The Miller's
The Millers' house is new.
The Millers's

The Brook family has got an old picture.

The Brook's
The Brooks' picture is old.
The Brooks's

The of-genitive

Auf den letzten Seiten hast du den Genitiv mit „s" kennengelernt. Nun wollen wir uns den Genitiv mit „of" näher ansehen.

Der s-genitiv wird bei Menschen und Tieren, der of-genitiv bei Gegenständen und Sachen gebraucht.

Regel

1. Mengenangaben werden mit dem Wort „of" gebildet. Dieses Wort verbindet die Anzahl der Dinge (beispielsweise zehn Gläser) mit den Dingen selbst (beispielsweise Wasser): 10 glasses of water.
2. Wenn eine Sache oder ein Gegenstand zu einer anderen Sache gehört, wird diese Beziehung durch das Wort „of" ausgedrückt.

Beispiel:
Das Ende der Straße.
The end of the street.

Merke: Manchmal sagt man „Die Tochter von Frau Stein" oder „Der Sohn von Herrn Müller". Versuche nie, diese Sätze wörtlich zu übersetzen. Der Genitiv mit of wird nur dann gebraucht, wenn es sich nur um Sachen und nicht um Lebewesen handelt. Also gilt hier „Mrs Stone's daughter" oder Mr Miller's son".

㉚ Übersetze

5 litres of milk. ____________________

4 pounds of sugar. ____________________

7 kilos of pears. ____________________

9 pieces of cake. ____________________

8 bars of chocolate. ____________________

2 bottles of water. ____________________

3 cups of tea. ____________________

6 glasses of juice. ____________________

Der zweite Fall mit of

㉛ Übersetze ins Englische.
Eine Packung Spagetti.

Ein Kilo Kirschen.

Eine Schüssel Suppe.

Eine Dose Ananas.

Eine Tasse Kaffee.

Eine Flasche Bier.

Ein Glas Wein.

㉜ Übersetze ins Deutsche.
The winner of the game.

The middle of the table.

The end of the street.

The front door of the house.

The walls of the room.

Words in English and German

A, a

a	ein, eine
a lot	viel, viele
across	durch
after	nach
afternoon	Nachmittag
against	gegen
along	entlang
always	immer
am	bin
an	ein, eine
and	und
animal	Tier
to answer	antworten
apple	Apfel
are	sind
to ask	fragen
at Christmas	an Weihnachten
at the end	am Schluss
at the moment	im Moment
at the weekend	am Wochenende
August	August
aunt	Tante

B, b

ball	Ball
banana	Banane
bar	Tafel
bed	Bett
beer	Bier
before	vor
behind	hinter
bench	Bank
beside	neben
between	zwischen
big	groß
biggest	größten
bike	Fahrrad
birthday	Geburtstag
black	schwarz
blue	blau
boat	Boot
bone	Knochen
book	Buch
born	geboren
bottle	Flasche
bowl	Schüssel
box	Schachtel
boxes	Schachteln
boy	Junge
breakfast	Frühstück
bridge	Brücke
brother	Bruder
but	aber

C, c

calculator	Rechner
can	können
car	Auto
cat	Katze
chair	Stuhl
cherries	Kirschen
cherry	Kirsche
child	Kind
children	Kinder
chocolate	Schokolade
cinema	Kino
city	Stadt
class	Klasse
to clean	putzen
clever	clever
cloud	Wolke
coffee	Kaffee
colour	Farbe
to come	kommen
to cook	kochen
cool	stark
to cry	weinen
cup	Tasse
cyclist	Fahrradfahrer

D, d

dark	dunkel
daughter	Tochter
day	Tag
December	Dezember
dish	Schale
dishes	Schalen
to do	tun
dog	Hund
doll	Puppe
don't	nicht tun
door	Tür
to drive	fahren

E, e

egg	Ei
eight	acht
elephant	Elefant
end	Ende
English	englisch
evening	Abend

F, f

families	Familien
family	Familie
fan	Verehrer
fast	schnell
father	Vater
favourite	Liebling
February	Februar
feet	Füße
finger	Finger
fish	Fisch, Fische
to fly	fliegen
foot	Fuß
football	Fußball
fox	Fuchs
foxes	Füchse
friend	Freund
from	von
fun	Spaß

G, g

game	Spiel
garden	Garten
geese	Gänse
German	Deutsch
to get up	aufstehen
girl	Mädchen
to give	geben
glass	Glas
glasses	Gläser

Words in English and German

to go	gehen
goose	Gans
grandfather	Großvater
grandmother	Großmutter
grandparents	Großeltern
green	grün
grey	grau
guitar	Gitarre
H, h	
hair	Haar, Haare
half	halb
ham	Schinken
hand	Hand
handball	Handball
has	hat
he	er
hello	hallo
her	ihr, sie
him	ihm, ihn
his	sein
horse	Pferd
house	Haus
housewife	Hausfrau
how	wie
I, i	
I	ich
in August	im August
in bed	im Bett
in English	auf Englisch
in front of	vor
in summer	im Sommer
in the afternoon	nachmittags
in the beginning	am Anfang
in the evening	abends
in the morning	vormittags
in the sky	am Himmel
in the world	auf der Welt
in	in
is	ist
it	es, ihm
its	sein
J, j	
juice	Saft
to jump	springen
K, k	
key	Schlüssel
to kick	treten
king	König
kilo	Kilo
knife	Messer, das
knives	Messer, die
L, l	
ladies	Damen
lady	Dame
to laugh	lachen
to lay	decken
left	links
lesson	Stunde
letter	Brief
to lie	liegen
light	hell
to like	mögen
litre	Liter
to live	leben
London	London
lunch	Mittagessen
M, m	
to make	machen
man	Mann
maths	Mathematik
me	mich, mir
men	Männer
mice	Mäuse
middle	Mitte
midnight	Mitternacht
milk	Milch
minute	Minute
moon	Moon
morning	Morgen
mother	Mutter
mountain	Berg
mouse	Maus
my	mein
N, n	
name	Name
near	nahe
new	neu
newspaper	Zeitung
nice	schön
not	nicht
O, o	
okay	in Ordnung
old	alt
on my way	unterwegs
on Sunday	am Sonntag
on the left	links
on the right	rechts
on the train	im Zug
on	auf
orange	Apfelsine
our	unser
over	über
P, p	
packet	Packung
parents	Eltern
park	Park
to park	parken
past	nach
pear	Birne
pencil	Bleistift
phone	Telefon
piano	Klavier
picture	Bild
piece	Stück
pineapple	Ananas
pink	rosa
place	Platz
plane	Flugzeug
to play	spielen
please	bitte
plum	Pflaume
pocket	Tasche
policeman	Polizist
postman	Postbote
potato	Kartoffel
potatoes	Kartoffeln

Words in English and German

pound	Pfund
Q, q	
quarter	Viertel
question	Frage
R, r	
to rain	regnen
rat	Ratte
to read	lesen
red	rot
to ride	reiten
right	rechts
river	Fluss
to run	rennen
room	Zimmer
rubber	Radiergummi
S, s	
Santa Claus	Weihnachtsmann
Saturday	Samstag
school	Schule
Scotland	Schottland
sea	Meer
to see	sehen
she	sie
sheep	Schaf, Schafe
shelf	Brett
shelves	Bretter
shirt	Hemd
to sing	singen
sister	Schwester
to sit	sitzen
sky	Himmel
slow	langsam
small	klein
to smoke	rauchen
snail	Schnecke
snake	Schlange
snow	Schnee
soap	Seife
son	Sohn
song	Lied
soup	Suppe
spaghetti	Spagetti
to speak	sprechen
to stand	stehen
to stop	halten
to stroke	streicheln
street	Straße
strong	stark
sugar	Zucker
sun	Sonne
Sunday	Sonntag
sweet	süß
to swim	schwimmen
to switch on	einschalten
T, t	
table	Tisch
tea	Tee
teacher	Lehrer, Lehrerin
teeth	Zähne
television	Fernsehen
tennis	Tennis
that	dass, jene, jener, jenes
the	das, der, die
theatre	Theater
their	ihr
them	ihnen, sie
these	diese
they	sie
thief	Dieb
thieves	Diebe
this	dies, diese, dieser, dieses
those	jene
to throw	werfen
tin	Dose
time	Zeit
to	bis
tomato	Tomate
tooth	Zahn
train	Zug
tree	Baum
U, u	
uncle	Onkel
under	unter
up	oben
us	uns
W, w	
to walk	laufen
wall	Mauer
to want	wünschen
was	war
watch	Armbanduhr
watches	Armbanduhren
water	Wasser
way	Weg
we	wir
weekend	Wochenende
whale	Wal
what	was
when	wann
where	wo, woher
which	welche
white	weiß
who	wer
whose	wessen
why	warum
wife	Ehefrau
with	mit
wine	Wein
winner	Gewinner
woman	Frau
women	Frauen
word	Wort
to work	arbeiten
world	Welt
to write	schreiben
Y, y	
yellow	gelb
you	dich, du, euch, ihr
your	dein, eure
Z, z	
Zeppelin	Zeppelin

Wörter in Deutsch und Englisch

A, a

Abend	evening
abends	in the evening
aber	but
acht	eight
alt	old
am Anfang	in the beginning
am Himmel	in the sky
am Schluss	at the end
am Sonntag	on Sunday
am Wochenende	at the weekend
an Weihnachten	at Christmas
Ananas	pineapple
antworten	to answer
Apfel	apple
Apfelsine	orange
arbeiten	to work
Armbanduhr	watch
Armbanduhren	watches
auf der Welt	in the world
auf Englisch	in English
auf	on
aufstehen	to get up
August	August
Auto	car

B, b

Ball	ball
Banane	banana
Bank	bench
Baum	tree
Berg	mountain
Bett	bed
Bier	beer
Bild	picture
bin	am
Birne	pear
bis	to
bitte	please
blau	blue
Bleistift	pencil
Boot	boat
Brett	shelf
Bretter	shelves
Brief	letter
Brücke	bridge
Bruder	brother
Buch	book

C, c

clever	clever

D, d

Dame	lady
Damen	ladies
das	the
dass	that
decken	to lay
dein	your
der	the
Deutsch	German
Dezember	December
dich	you
die	the
Dieb	thief
Diebe	thieves
dies	this
diese	these, this
dieser	this
dieses	this
dir	you
Dose	tin
du	you
dunkel	dark
durch	across

E, e

Ehefrau	wife
Ei	egg
ein, eine	a lot
ein, eine	an
einschalten	to switch on
Elefant	elephant
Eltern	parents
Ende	end
englisch	English
entlang	along
er	he
es	it
euch	you
eure	your

F, f

fahren	to drive
Fahrrad	bike
Fahrradfahrer	cyclist
Familie	family
Familien	families
Farbe	colour
Februar	February
Fernsehen	television
Finger	finger
Fisch	fish
Fische	fish
Flasche	bottle
fliegen	to fly
Flugzeug	plane
Fluss	river
fragen	to ask
Frau	woman
Frauen	women
Freund	friend
Frage	question
Frühstück	breakfast
Fuchs	fox
Füchse	foxes
Fuß	foot
Fußball	football
Füße	feet

G, g

Gans	goose
Gänse	geese
Garten	garden
geben	to give
geboren	born
Geburtstag	birthday
gegen	against
gehen	to go
gelb	yellow
Gewinner	winner
Gitarre	guitar
Glas	glass
Gläser	glasses

Wörter in Deutsch und Englisch

grau	grey
groß	big
Großeltern	grandparents
Großmutter	grandmother
größten	biggest
Großvater	grandfather
grün	green
H, h	
Haar	hair
Haare	hair
halb	half
hallo	hello
halten	to stop
Hand	hand
Handball	handball
hat	has
Haus	house
Hausfrau	housewife
hell	light
Hemd	shirt
Himmel	sky
hinter	behind
Hund	dog
I, i	
ich	I
ihm	him, it
ihn	him
ihnen	them
ihr	her, their, you
im August	in August
im Bett	in bed
im Moment	at the moment
im Sommer	in summer
im Zug	on the train
immer	always
in Ordnung	okay
in	in
ist	is
J, j	
jene	that, those
jener	that
jenes	that
Junge	boy
K, k	
Kaffee	coffee
Kartoffel	potato
Kartoffeln	potatoes
Katze	cat
Kilo	kilo
Kind	child
Kinder	children
Kino	cinema
Kirsche	cherry
Kirschen	cherries
Klasse	class
Klavier	piano
klein	small
Knochen	bone
kochen	to cook
kommen	to come
König	king
können	can
L, l	
lachen	to laugh
langsam	slow
laufen	to walk
leben	to live
Lehrer	teacher
Lehrerin	teacher
lesen	to read
Liebling	favourite
Lied	song
liegen	to lie
links	left
links	on the left
Liter	litre
London	London
M, m	
machen	to make
Mädchen	girl
Mann	man
Männer	men
Mathematik	maths
Mauer	wall
Maus	mouse
Mäuse	mice
Meer	sea
mein	my
Messer, das	knife
Messer, die	knives
mich	me
Milch	milk
Minute	minute
mir	me
mit	with
Mittagessen	lunch
Mitte	middle
Mitternacht	midnight
mögen	to like
Mond	moon
Morgen	morning
Mutter	mother
N, n	
nach	after, past
nachmittag	afternoon
nachmittags	in the afternoon
nahe	near
Name	name
neben	beside
neu	new
nicht tun	don't
not	nicht
O, o	
oben	up
Onkel	uncle
P, p	
Packung	packet
Park	park
parken	to park
Pferd	horse
Pflaume	plum
Pfund	pound
Platz	place
Polizist	policeman
Postbote	postman

Wörter in Deutsch und Englisch

Puppe	doll
putzen	to clean

R, r

Radiergummi	rubber
Ratte	rat
rauchen	to smoke
Rechner	calculator
rechts	right
rechts	on the right
regnen	to rain
reiten	to ride
rennen	to run
rosa	pink
rot	red

S, s

Samstag	Saturday
Saft	juice
Schachtel	box
Schachteln	boxes
Schaf	sheep
Schafe	sheep
Schinken	ham
Schlange	snake
Schlüssel	key
Schnecke	snail
Schnee	snow
schnell	fast
Schokolade	chocolate
schön	nice
Schottland	Scotland
schreiben	to write
Schule	school
Schüssel	bowl
schwarz	black
Schwester	sister
schwimmen	to swim
sehen	to see
Seife	soap
sein	his, its
sie	her
sind	are
sitzen	to sit
Sohn	son
Sonne	sun
Sonntag	Sunday
Spagetti	spaghetti
Spaß	fun
Spiel	game
spielen	to play
sprechen	to speak
springen	to jump
Stadt	city
stark	strong
stehen	to stand
Straße	street
streicheln	to stroke
streng	strong
Stück	piece
Stuhl	chair
Stunde	lesson
Suppe	soup
süß	sweet

T, t

Theke	bar
Tag	day
Tante	aunt
Tasche	pocket
Tasse	cup
Tee	tea
Telefon	phone
Tennis	tennis
Theater	theatre
Tier	animal
Tisch	table
Tochter	daughter
Tomate	tomato
treten	to kick
tun	to do
Tür	door

U, u

über	over
und	and
uns	us
unser	our
unter	under
unterwegs	on my way
Vater	father
Verehrer	fan
viel, viele	a lot
Viertel	quarter
von	from
vor	before, in front of
vormittags	in the morning

W, w

Wal	whale
wann	when
war	was
warum	why
was	what
Wasser	water
Weg	way
Weihnachtsbaum	Santa Claus
Wein	wine
weinen	to cry
weiß	white
welche	which
Welt	world
wer	who
werfen	to throw
wessen	whose
wie	how
wir	we
wo	where
Wochenende	weekend
woher	where
Wolke	cloud
Wort	word
wünschen	to want

Z, z

Zahn	tooth
Zähne	teeth
zehn	ten
Zeit	time
Zeitung	newspaper
Zeppelin	Zeppelin
Zimmer	room
Zucker	sugar
Zug	train
zwischen	between

Notes - Notizen :

Lösungen zu Seite 10

Many things

⑨ Auf dem rechten Bild fehlt ein Gegenstand, der auf dem linken Bild zu sehen ist. Welcher ist es?

Vollständiges Bild | Unvollständiges Bild

Deutsches Wort: PUPPE Englisches Wort: DOLL

⑩ Auf dem rechten Bild fehlt ein Gegenstand, der auf dem linken Bild zu sehen ist. Welcher ist es?

Vollständiges Bild | Unvollständiges Bild

Deutsches Wort: BALL Englisches Wort: BALL

Lösungen zu Seite 11

Viele Dinge

⑪ Auf dem rechten Bild fehlt ein Gegenstand, der auf dem linken Bild zu sehen ist. Welcher ist es?

Vollständiges Bild | Unvollständiges Bild

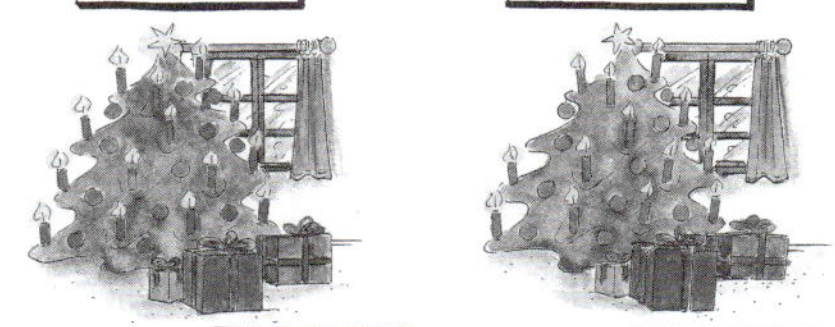

Deutsches Wort: KERZE Englisches Wort: CANDLE

⑫ Auf dem rechten Bild fehlt ein Gegenstand, der auf dem linken Bild zu sehen ist. Welcher ist es?

Vollständiges Bild | Unvollständiges Bild

Deutsches Wort: EI Englisches Wort: EGG

Lösungen zu Seite 12

Singular and Plural

⑬ Trage in die grauen Felder zu jedem Bild das richtige englische Wort in der Einzahl ein.

FISH
WOMAN
CHILD
TOOTH
TOMATO
POTATO
GOOSE
MOUSE
MAN
SHEEP

Lösungen zu Seite 13

Einzahl und Mehrzahl

⑭ Trage in die grauen Felder zu jedem Bild das richtige englische Wort in der Mehrzahl ein.

FISH
WOMEN
CHILDREN
TEETH
TOMATOES
POTATOES
GEESE
MICE
MEN
SHEEP

Lösungen zu Seite 14

Opposites

⑮ Hier hängen zwölf Schilder. In jedem Schild steht oben ein englisches Wort. Trage in die grauen Felder darunter jeweils das englische Wort ein, das genau das Gegenteil bedeutet.
Beispiel: Statt „cold" (kalt) muss „hot" (heiß) geschrieben werden. Wähle jeweils das richtige Wort aus: always, bright, left, long, sad, slow, small, stupid, true, under, up, weak.

clever – stupid	big – small
happy – sad	short – long
strong – weak	dark – bright
right – left	over – under
fast – slow	down – up
false – true	never – always

Lösungen zu Seite 15

Gegensätze

⑯ Hier hängen zwölf Schilder. In jedem Schild steht oben ein englisches Wort. Trage in die grauen Felder darunter jeweils das englische Wort ein, das genau das Gegenteil bedeutet.
Beispiel: Statt „hot" (heiß) muss „cold" (kalt) geschrieben werden. Wähle jeweils das richtige Wort aus: big, clever, dark, down, false, fast, happy, never, over, right, short, strong.

always – never	true – false
up – down	slow – fast
under – over	left – right
bright – dark	weak – strong
long – short	sad – happy
small – big	stupid – clever

Lösungen zu Seite 16

Numbers

⑰ Auf jedem dieser Steine steht eine der Zahlen von 1 bis 12 mit ihrer englischen Bezeichnung.

1 one	2 two	3 three
4 four	5 five	6 six
7 seven	8 eight	9 nine
10 ten	11 eleven	12 twelve

Trage nun alle diese englischen Zahlwörter lückenlos in das graue Buchstabengitter ein.

Hilfestellung: Beginne mit dem eingetragenen Zahlwort ONE.

Lösungen zu Seite 17

Zahlen

⑱ Auf den Steinen stehen zwölf Subtraktionsaufgaben, die fortlaufend von 1 bis 12 nummeriert sind.

1 $91 - 89 = 2$	2 $76 - 73 = 3$	3 $67 - 58 = 9$
4 $44 - 34 = 10$	5 $76 - 69 = 7$	6 $34 - 29 = 5$
7 $32 - 26 = 6$	8 $71 - 67 = 4$	9 $95 - 87 = 8$
10 $99 - 88 = 11$	11 $66 - 65 = 1$	12 $29 - 17 = 12$

Rechne zuerst diese zwölf Aufgaben aus und trage danach deine Ergebnisse in das folgende Zahlengitter ein:

Hilfestellung: Die Ergebnisse müssen entweder unter oder rechts neben den grünen Nummernkreisen eingetragen werden.

ENGLISCH mit Köpfchen

Heft 1 – Wortübungen – 4. Grundschulklasse
Lösungsbeilage

erarbeitet von
Hermann-Dietrich Hornschuh

Lösungen zu Seite 6

Missing letters

① In den englischen Wörtern unter den Bildern fehlt jeweils ein Buchstabe. Trage diesen in das zugehörige graue Feld ein.

Huhn | Hund | Omnibus | Ratte

HEN | DOG | BUS | RAT

Hast du die fehlenden Buchstaben richtig eingetragen, erhältst du ein englisches Wort.

Es heißt HOUR und bedeutet im Deutschen STUNDE.

② In den englischen Wörtern unter den Bildern fehlt jeweils ein Buchstabe. Trage diesen in das zugehörige graue Feld ein.

Buch | Puppe | Ball | Baum

BOOK | DOLL | BALL | TREE

Hast du die fehlenden Buchstaben richtig eingetragen, erhältst du ein englisches Wort.

Es heißt BOAT und bedeutet im Deutschen BOOT.

Lösungen zu Seite 7

Fehlende Buchstaben

③ In den englischen Wörtern unter den Bildern fehlt jeweils ein Buchstabe. Trage diesen in das zugehörige graue Feld ein.

Vogel | Boot | Tante | Rose

BIRD | BOAT | AUNT | ROSE

Hast du die fehlenden Buchstaben richtig eingetragen, erhälst du ein englisches Wort.

Es heißt BONE und bedeutet im Deutschen KNOCHEN.

④ In den englischen Wörtern unter den Bildern fehlt jeweils ein Buchstabe. Trage diesen in das zugehörige graue Feld ein.

Apfel | Messer | Engel | Pferd

APPLE | KNIFE | ANGEL | HORSE

Hast du die fehlenden Buchstaben richtig eingetragen, erhältst du ein englisches Wort.

Es heißt PEAR und bedeutet im Deutschen BIRNE.

Lösungen zu Seite 8

Jumbled letters

⑤ Unter jedem Bild steht ein englisches Wort, bei dem die Buchstaben durcheinander geraten sind.

Tasse | Auto | Sonne | Fuchs

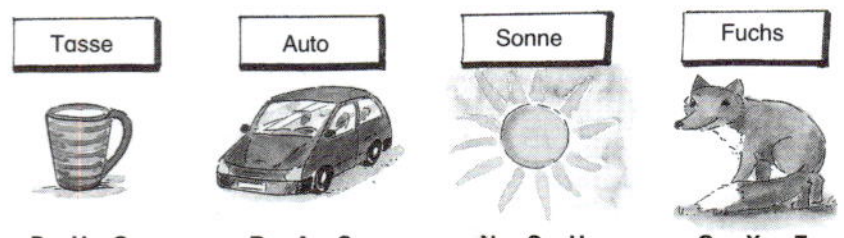

P U C | R A C | N S U | O X F

CUP | CAR | SUN | FOX

Schreibe die Wörter zuerst richtig in die grauen Felder und ordne sie danach alphabetisch:

CAR | CUP | FOX | SUN

⑥ Unter jedem Bild steht ein englisches Wort, bei dem die Buchstaben durcheinander geraten sind.

Mond | Ente | Kuchen | Bohne

O M O N | C K U D | K E C A | N E B A

MOON | DUCK | CAKE | BEAN

Schreibe die Wörter zuerst richtig in die grauen Felder und ordne sie danach alphabetisch:

BEAN | CAKE | DUCK | MOON

Lösungen zu Seite 9

Vermischte Buchstaben

⑦ Unter jedem Bild steht ein englisches Wort, bei dem die Buchstaben durcheinander geraten sind.

Löffel | Maus | Stein | Haus

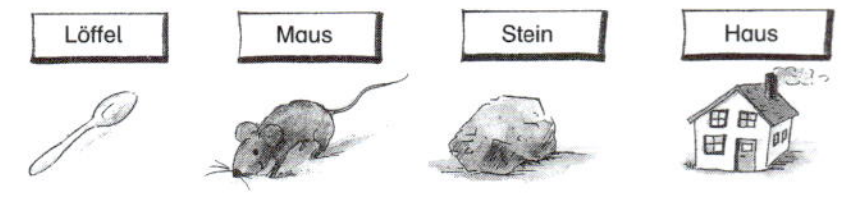

O S P N O | E U S O M | N O S E T | U H O E S

SPOON | MOUSE | STONE | HOUSE

Schreibe die Wörter zuerst richtig in die grauen Felder und ordne sie dann umgekehrt alphabetisch an:

STONE | SPOON | MOUSE | HOUSE

⑧ Unter jedem Bild steht ein englisches Wort, bei dem die Buchstaben durcheinander geraten sind.

Teppich | Korb | Fenster | Bleistift

T E P A C R | S A B T E K | D O N W I W | L E P N I C

CARPET | BASKET | WINDOW | PENCIL

Schreibe die Wörter zuerst richtig in die grauen Felder und ordne sie dann umgekehrt alphabetisch an:

WINDOW | PENCIL | CARPET | BASKET

Lösungen zu Seite 26

The year

㉝ Trage die englischen Monatsnamen in die grauen Felder ein.

Januar	January	Februar	February
März	March	April	April
Mai	May	Juni	June
Juli	July	August	August
September	September	Oktober	October
November	November	Dezember	December

㉞ Fülle das Buchstabengitter mit allen zwölf englischen Monatsnamen aus.

Achte auf die Anfangsbuchstaben in den grauen Kästchen. Der 6. Monat wird senkrecht und der 7. Monat waagerecht eingetragen.

Lösungen zu Seite 27

Das Jahr

㉟ Fülle die grauen Felder wie in der ersten Zeile aus:

The first month of the year is January.
The third month of the year is March.
The fourth month of the year is April.
The eight month of the year is August.
The tenth month of the year is October.
The twelfth month of the year is December.

㊱ Trage die nächsten Wörter in die grauen Felder ein.

The second month of the year is February.
The fifth month of the year is May.
The sixth month of the year is June.
The seventh month of the year is July.
The ninth month of the year is September.
The eleventh month of the year is November.

㊲ Welche Monate gehören zu welcher Jahreszeit? Fülle die grauen Felder wie in der ersten Zeile aus.

	Monate
Frühling: spring	March, April, May
Sommer: summer	June, July, August
Herbst: autumn	September, October, November
Winter: winter	December, January, February

Lösungen zu Seite 28

Präpositionen

㊳ Pixy ist der eine von zwei englischen Kobolden, den du auf jedem Bild siehst. Welches der Wörter

beside | in | into | in front of | on | out of

beschreibt genau, was er tut? Trage das richtige Wort in das graue Feld unter jedem Bild ein.

Lösungen zu Seite 29

Verhältniswörter

㊴ Trixy ist der andere von zwei englischen Kobolden, den du auf jedem Bild siehst. Welches der Wörter

between | down | over | to | under | up

beschreibt genau, was er tut? Trage das richtige Wort in das graue Feld unter jedem Bild ein.

Lösungen zu Seite 30

Picture puzzle

㊵ In jeder der Reihen A, B und C siehst du vier Bilder, von denen jeweils eines nicht dazugehört. Suche diese englischen Wörter. Wie heißt das englische Lösungswort, das sich aus den Buchstaben in den grau unterlegten Kästchen ergibt?

Reihe A | Reihe B | Reihe C

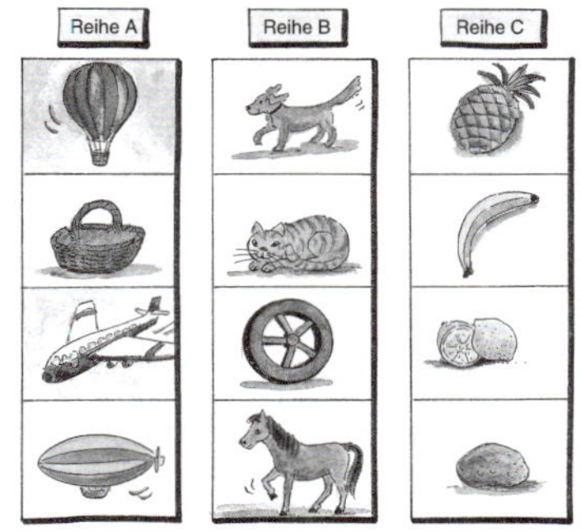

Reihe A: B A S K E T

Reihe B: W H E E L

Reihe C: P O T A T O

Lösungswort: T W O

Lösungen zu Seite 31

Bilderrätsel

㊶ In jeder der Reihen A, B und C siehst du vier Bilder, von denen jeweils eines nicht dazugehört. Suche diese englischen Wörter. Wie heißt das englische Lösungswort, das sich aus den Buchstaben in den grau unterlegten Kästchen ergibt?

Reihe A | Reihe B | Reihe C

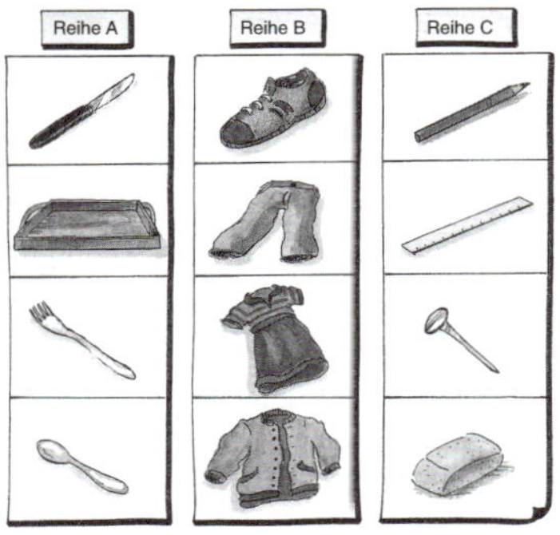

Reihe A: T R A Y

Reihe B: S H O E

Reihe C: N A I L

Lösungswort: T E N

Lösungen zu Seite 32

Crossword puzzle

㊷ Unter **Waagerecht** und **Senkrecht** stehen jeweils sechs deutsche Wörter. Trage sie in englisch in das Kreuzworträtsel ein.

Waagerecht

① Nachmittag
③ Mutter
⑥ Alarm
⑨ Vier
⑩ Nacht
⑪ Korb

Senkrecht

② Sessel
④ Orange
⑤ Tomate
⑦ Drei
⑧ Mond
⑫ Himmel

Hilfestellung: Wenn du ein englisches Wort nicht weißt, dann kannst du es in den Wörterverzeichnissen am Schluss des Heftes nachschlagen.

Lösungen zu Seite 33

Kreuzworträtsel

㊸ Unter **Waagerecht** und **Senkrecht** stehen jeweils sechs deutsche Wörter. Trage sie in englisch in das Kreuzworträtsel ein

Waagerecht

① Abenteuer
② Pferd
④ Bruder
⑤ Ananas
⑦ Dezember
⑪ Herbst

Senkrecht

③ Korb
⑥ Apfel
⑧ Tür
⑨ Stuhl
⑩ Mathematik
⑫ Abend

Hilfestellung: Wenn du ein englisches Wort nicht weißt, dann kannst du es in den Wörterverzeichnissen am Schluss des Heftes nachschlagen.

Lösungen zu Seite 18

More numbers

⑲ Hier siehst du neun zweistellige Zahlen. Schreibe unter jede von ihnen in das graue Feld, wie sie auf englisch heißen.

einundneunzig	zweiundachtzig	dreiundsiebzig
91	82	73
ninety-one	eighty-two	seventy-three

vierundsechzig	fünfundfünfzig	sechsundvierzig
64	55	46
sixty-four	fifty-five	forty-six

siebenunddreißig	achtundzwanzig	neunundneunzig
37	28	99
thirty-seven	twenty-eight	ninety-nine

Beachte das englische Zahlwort „fifty-five", das in der Mitte des Bildes unter der Zahl 55 steht.

Lösungen zu Seite 19

Mehr Zahlen

⑳ Addiere jeweils die beiden Zahlen und trage das Ergebnis neben die Aufgabe und dann englisch in die grauen Felder ein.

a) 42 + 37 = 79 seventy-nine
b) 57 + 29 = 86 eighty-six
c) 18 + 63 = 81 eighty-one

㉑ Subtrahiere jeweils die beiden Zahlen und trage das Ergebnis neben die Aufgabe und dann englisch in die grauen Felder ein.

a) 97 – 39 = 58 fifty-eight
b) 84 – 45 = 39 thirty-nine
c) 67 – 28 = 39 thirty-nine

㉒ Multipliziere jeweils die beiden Zahlen und trage das Ergebnis neben die Aufgabe und dann englisch in die grauen Felder ein.

a) 8 · 9 = 72 seventy-two
b) 6 · 7 = 42 forty-two
c) 7 · 5 = 35 thirty-five

㉓ Dividiere jeweils die beiden Zahlen und trage das Ergebnis neben die Aufgabe und dann englisch in die grauen Felder ein.

a) 168 : 3 = 56 fifty-six
b) 343 : 7 = 49 forty-nine
c) 729 : 9 = 81 eighty-one

㉔ Berechne die folgenden Aufgaben und trage die Ergebnisse neben die Aufgabe und dann englisch in die grauen Felder ein.

a) 17 + 31 + 53 = 101 one hundred and one
b) 246 + 409 + 345 = 1 000 one thousand

Lösungen zu Seite 20

Rhyming words

㉕ Trage unter jedes Bild in das graue Feld das richtige englische Wort ein. Beachte, dass sich immer zwei nebeneinander stehende Wörter im Englischen reimen.
Beispiel: „frog" (Frosch) und „dog" (Hund)

Maus	Haus
mouse	house
Fuchs	**Schachtel**
fox	box
Katze	**Hut**
cat	hat

Lösungen zu Seite 21

Reimwörter

㉖ Trage unter jedes Bild in das graue Feld das richtige englische Wort ein. Beachte, dass sich immer zwei nebeneinander stehende Wörter im Englischen reimen.
Beispiel: „dog" (Hund) und „frog" (Frosch)

Boot	Mantel
boat	coat
Zug	**Regen**
train	rain
Ring	**König**
ring	king

Lösungen zu Seite 22

Colours

㉗ In jedem Bild siehst du das gleiche Buch, das aber jedes Mal eine andere Farbe hat.
Trage unten in das graue Feld immer die richtige Farbe in englisch ein.

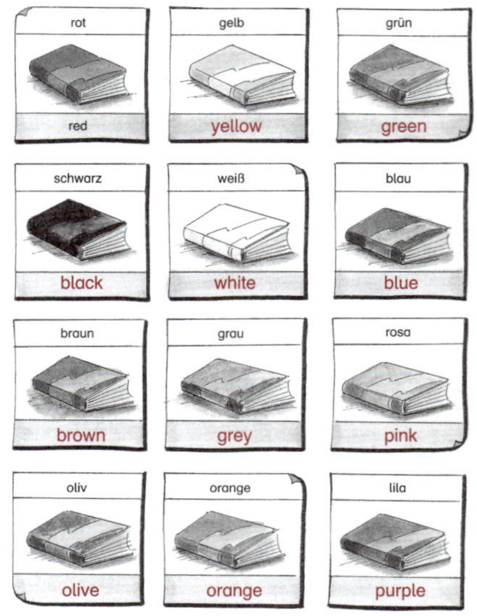

rot	gelb	grün
red	yellow	green
schwarz	**weiß**	**blau**
black	white	blue
braun	**grau**	**rosa**
brown	grey	pink
oliv	**orange**	**lila**
olive	orange	purple

Lösungen zu Seite 23

Farben

㉘ In jedem Bild siehst du den gleichen Ball, der aber jedes Mal aus zwei anderen Farben besteht.
Trage oben und unten in die grauen Felder die richtigen Farben in englisch alphabetisch in.

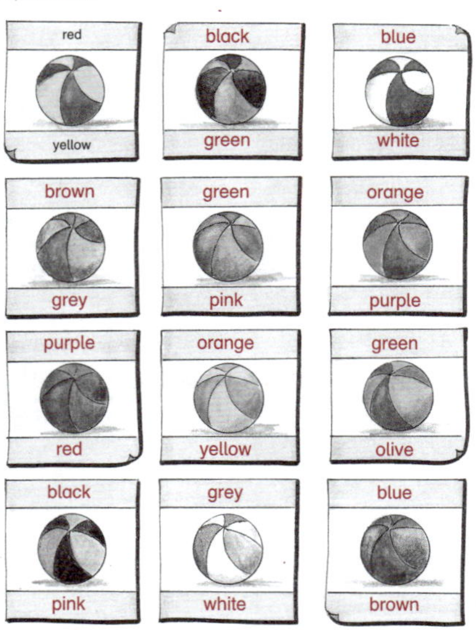

oben	unten	oben	unten	oben	unten
red	yellow	black	green	blue	white
brown	grey	green	pink	orange	purple
purple	red	orange	yellow	green	olive
black	pink	grey	white	blue	brown

Lösungen zu Seite 24

The week

㉙ Die Wochentage heißen im Englischen Monday, Tuesday, Wednesday, Thursday, Friday, Saturday und Sunday.
Schreibe den jeweiligen Wochentag englisch in das zugehörige graue Feld.

Donnerstag heißt auf Englisch Thursday
Samstag heißt auf Englisch Saturday
Mittwoch heißt auf Englisch Wednesday
Freitag heißt auf Englisch Friday
Montag heißt auf Englisch Monday
Sonntag heißt auf Englisch Sunday
Dienstag heißt auf Englisch Tuesday

㉚ Fülle das Buchstabengitter mit den englischen Wochentagen lückenlos aus.

			M					S			
			O					U			T
			N		T			N			U
			D		H			D			E
		S	A	T	U	R	D	A	Y		S
			Y		R			Y			D
					S						A
			W	E	D	N	E	S	D	A	Y
					A						
F	R	I	D	A	Y						

Achte auf die Anfangsbuchstaben in den grauen Kästen.

Lösungen zu Seite 25

Die Woche

㉛ Schreibe das richtige Wort in das graue Feld. Beachte die erste Zeile.

The first day of the week is Monday.
The second day of the week is Tuesday.
The third day of the week is Wednesday.
The fourth day of the week is Thursday.
The fifth day of the week is Friday.
The sixth day of the week is Saturday.
The seventh day of the week is Sunday.

㉜ Trage in das graue Feld den richtigen Wochentag in englisch ein.
Beachte die Antwort auf die erste Frage.

Today is Monday. What was yesterday?
Yesterday was Sunday.

Yesterday was Thursday. What is today.
Today is Friday.

Today is Sunday. What will tomorrow be?
Tomorrow will be Monday.

Tomorrow will be Friday. What is today.
Today is Thursday.

Yesterday was Thursday. What will tomorrow be?
Tomorrow will be Saturday.

Tomorrow will be Sunday. What was yesterday?
Yesterday was Friday.

ENGLISCH mit Köpfchen

Heft 2 – Satzübungen
4. Grundschulklasse – 2. Englischjahr

Lösungsbeilage

erarbeitet von
Hermann-Dietrich Hornschuh

Lösungen zu Seite 7

Das Wetter

①

DEUTSCHE SÄTZE
In London ist es neblig.
In Berlin ist es regnerisch.
In Paris ist es wolkig.
In Rom ist es windig.
In Moskau ist es sonnig.
In Washington ist es stürmisch.

ENGLISH SENTENCES
In London it is foggy.
In Berlin it is rainy.
In Paris it is cloudy.
In Rome it is windy.
In Moscow it is sunny.
In Washington it is stormy.

Lösungen zu Seite 9

Unser Haus

②

ENGLISH SENTENCES
The owl is sitting on the roof.
The dog is lying in front of the door.
The roof is red.
The door is green.
My father is writing in the living room.
My mother is working in the bedroom.

DEUTSCHE SÄTZE
Die Eule sitzt auf dem Dach.
Der Hund liegt vor der Tür.
Das Dach ist rot.
Die Tür ist grün.
Mein Vater schreibt im Wohnzimmer.
Meine Mutter arbeitet im Schlafzimmer.

Mildenberger Verlag

Lösungen zu Seite 11

Pixy auf Reisen

③

DEUTSCHE SÄTZE
Pixy reist mit dem Flugzeug.
Pixy reist mit dem Omnibus.
Pixy und ihre Mutter reisen mit dem Auto.
Pixy und ihr Vater reisen mit dem Boot.
Pixy und ihr Hund reisen mit dem Ballon.
Pixy und ihre Katze reisen mit dem Zug.

ENGLISH SENTENCES
Pixy travels by plane.
Pixy travels by bus.
Pixy and her mother travel by car.
Pixy and her father travel by boat.
Pixy and her dog travel by ballon.
Pixy and her cat travel by train.

Lösungen zu Seite 13

Das Ungeheuer von Loch Ness

④

ENGLISH SENTENCES
Loch Ness is a lake.
It is in Scotland.
Its water is very dark.
A monster lives in the lake.
It is the Loch Monster Nessie.
It looks like a huge snake.

DEUTSCHE SÄTZE
Loch Ness ist ein See.
Er ist in Schottland.
Sein Wasser ist sehr dunkel.
Ein Monster lebt im See.
Es ist Nessie, das Loch Ness Monster.
Es sieht aus wie eine riesige Schlange.

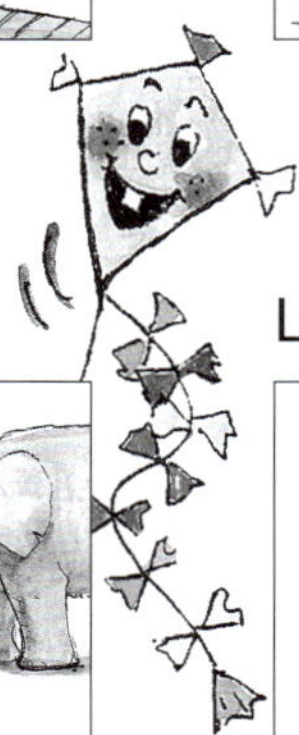

Lösungen zu Seite 15

Im Zoo

⑤

DEUTSCHE SÄTZE
Der Zoo ist sehr groß.
Die Elefanten sind neben den Affen.
Die Esel sind hinter den Tigern.
Die Bären sind vor den Wölfen.
Wir beobachten die Besucher.
Die Wärter füttern die Tiere.

ENGLISH SENTENCES
The zoo is very big.
The elephants are next to the monkeys.
The donkeys are behind the tigers.
The bears are in front of the wolves.
We are watching the visitors.
The zookeepers are feeding the animals.

Lösungen zu Seite 17

Halloween

⑥

ENGLISH SENTENCES
Halloween is the night of witches.
Every witch has got a crooked stick.
The pumpkins have got faces.
Bats are hanging from the ceiling.
A ghost is sitting in the cauldron.
The black cat is on the table.

DEUTSCHE SÄTZE
Halloween ist die Nacht der Hexen.
Jede Hexe hat einen krummen Stock.
Die Kürbisse haben Gesichter.
Fledermäuse hängen von der Decke.
Ein Geist sitzt im Kessel.
Die schwarze Katze ist auf dem Tisch.

Lösungen zu Seite 19

Auf dem Bauernhof

⑦

DEUTSCHE SÄTZE

Ein Schmetterling sitzt auf dem Blatt.
Ein Igel sitzt vor dem Zaun.
Ein Schwein liegt im Hof.
Die Kuh ist im Stall.
Der Bauer sitzt auf dem Pferd.
In der Ecke sitzt eine Maus.

ENGLISH SENTENCES

A butterfly is sitting on the leaf.
A heagehog is sitting in front of the fence.
A pig is lying in the yard.
The cow is in the stable.
The farmer ist sitting on the horse.
A mouse is sitting in the corner.

Lösungen zu Seite 21

In der Schule

⑧

ENGLISH SENTENCES

The teacher is standing next to the blackboard.
The globe is in the corner.
The map is hanging on the wall.
A boy is opening the window.
A girl is holding a book.
The caretaker is coming into the classroom.

DEUTSCHE SÄTZE

Der Lehrer steht neben der Tafel.
Der Globus ist in der Ecke.
Die Landkarte hängt an der Wand.
Ein Junge öffnet das Fenster.
Ein Mädchen hält ein Buch.
Der Hausmeister kommt ins Klassenzimmer.

Lösungen zu Seite 23

Berufe

⑨

DEUTSCHE SÄTZE

Die Lehrerin unterrichtet Englisch.
Der Lehrer unterrichtet Mathematik.
Der Arzt arbeitet im Krankenhaus.
Die Zahnärztin hat einen Bohrer.
Der Postbote bringt Briefe.
Der Feuerwehrmann löscht Feuer.

ENGLISH SENTENCES

The teacher teaches English.
The teacher teaches maths.
The doctor works in the hospital.
The dentist has got a drill.
The postman brings letters.
The fireman puts out fires.

Lösungen zu Seite 25

Der Bahnhof

⑩

ENGLISH SENTENCES

We are standing at the counter.
We are buying a ticket.
We are on the platform.
We are waiting for the train.
We look at the clock.
At last we get on the train.

DEUTSCHE SÄTZE

Wir stehen am Schalter.
Wir kaufen eine Fahrkarte.
Wir sind auf dem Bahnsteig.
Wir warten auf den Zug.
Wir schauen nach der Uhr.
Endlich steigen wir in den Zug.

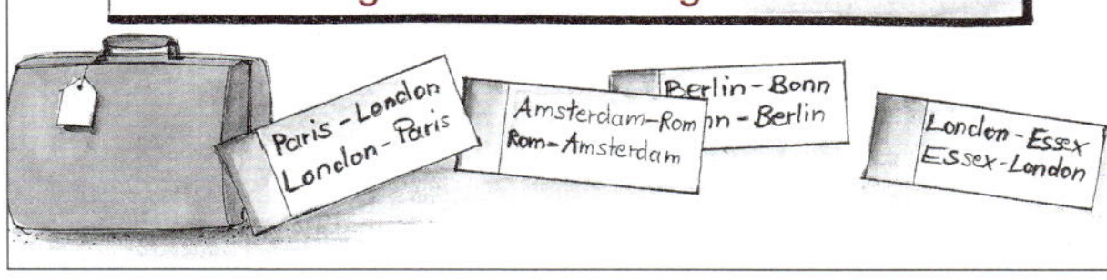

Lösungen zu Seite 27

Der Osterhase

⑪

DEUTSCHE SÄTZE
Der Osterhase steht auf dem Stuhl.
Der Osterhase sitzt im Korb.
Der Osterhase liegt hinter dem Ball.
Der Osterhase schläft unter dem Tisch.
Der Osterhase liegt neben dem Bett.
Der Osterhase schreibt vor dem Schrank.

ENGLISH SENTENCES
The Easter bunny is standing on the chair.
The Easter bunny is sitting in the basket.
The Easter bunny is lying behind the ball.
The Easter bunny is sleeping under the table.
The Easter bunny is lying next to the bed.
The Easter bunny is writing in front of the cupboard.

Lösungen zu Seite 29

Der Weihnachtsmann

⑫

ENGLISH SENTENCES
Father Christmas has got a red coat.
Father Christmas has got a white beard.
Father Christmas has got a big stick.
Father Christmas travels by sleigh.
Father Christmas brings presents.
Father Christmas admires the Christmas trees.

DEUTSCHE SÄTZE
Der Weihnachtsmann hat einen roten Mantel.
Der Weihnachtsmann hat einen weißen Bart.
Der Weihnachtsmann hat einen großen Stock.
Der Weihnachtsmann fährt mit dem Schlitten.
Der Weihnachtsmann bringt Geschenke.
Der Weihnachtsmann bewundert die Weihnachtsbäume.

Lösungen zu Seite 31

Ja oder nein

⑬

DEUTSCHE SÄTZE
Ist das linke Haus groß?
Ja, das linke Haus ist groß.
Ist das rechte Auto blau?
Nein, das linke Auto ist blau.
Ist das linke Boot lang?
Nein, das rechte Boot ist lang.

ENGLISH SENTENCES
Is the house on the left big?
Yes, the house on the left is big.
Is the car on the right blue?
No, the car on the left is blue.
Is the boat on the left long?
No, the boat on the right is long.

Lösungen zu Seite 33

Die Straßenkreuzung

⑭

ENGLISH SENTENCES
Is the man walking across the road?
No, he is sitting in the car.
Is the woman standing by the shop?
No, she is sitting on the bench.
Is the child playing with a ball?
No, it is riding a bike.

DEUTSCHE SÄTZE
Läuft der Mann über die Straße?
Nein, er sitzt im Auto.
Steht die Frau neben dem Laden?
Nein, sie sitzt auf der Bank.
Spielt das Kind mit einem Ball?
Nein, es fährt Fahrrad.

ENGLISCH mit Köpfchen

Heft 3 – Grammatikübungen
4. Grundschulklasse – 2. Englischjahr

Lösungsbeilage

erarbeitet von
Hermann-Dietrich Hornschuh

Lösungen zu Seite 6

Plural forms

Wie du sicher weißt, wird im Englischen sehr oft die Mehrzahl dadurch gebildet, dass an das Wort der Einzahl der Buchstabe **s** angehängt wird.

Hund	→	Hunde	dog	→	**dogs**
Katze	→	Katzen	cat	→	**cats**
Pferd	→	Pferde	horse	→	**horses**
Haus	→	Häuser	house	→	**houses**

Regel Es gibt aber noch weitere Mehrzahlformen, die durch Änderung der Schreibweise gebildet werden.

1. Wörter, die am Schluss ein **ss**, **x**, **ch**, **sh** oder **o** haben, enden in der Mehrzahl auf **es**.

Glas	→	Gläser	glass	→	**glasses**
Schachtel	→	Schachteln	box	→	**boxes**
Armbanduhr	→	Armbanduhren	watch	→	**watches**
Schüssel	→	Schüsseln	dish	→	**dishes**
Kartoffel	→	Kartoffeln	potato	→	**potatoes**

2. Wörter, die am Schluss ein **f** oder **fe** haben, enden in der Mehrzahl auf **ves**.

Brett	→	Bretter	shelf	→	**shelves**
Messer	→	Messer	knife	→	**knives**

3. Wörter, die nach einem Konsonanten am Schluss ein **y** haben, enden in der Mehrzahl auf **ies**.

Dame	→	Damen	lady	→	**ladies**

4. Wörter, die nach einem Vokal am Schluss ein **y** haben, enden in der Mehrzahl auf **ys**.

Junge	→	Jungen	boy	→	**boys**

① Schreibe immer in die letzte Spalte das richtige englische Mehrzahlwort.

Dieb	→	Diebe	thief	→	thieves
Fuchs	→	Füchse	fox	→	foxes
Familie	→	Familien	family	→	families
Schlüssel	→	Schlüssel	key	→	keys

Lösungen zu Seite 7

Mehrzahlformen

Es gibt aber auch englische Wörter, deren Mehrzahl nicht nach einer bestimmten Regel gebildet werden. Diese solltest du dir unbedingt merken.

Mann	→	Männer	man	→	**men**
Frau	→	Frauen	woman	→	**women**
Kind	→	Kinder	child	→	**children**
Maus	→	Mäuse	mouse	→	**mice**
Gans	→	Gänse	goose	→	**geese**
Zahn	→	Zähne	tooth	→	**teeth**
Fuß	→	Füße	foot	→	**feet**

Ebenso merken solltest du die Wörter, die im Englischen in der Einzahl und in der Mehrzahl gleich sind.

Schaf	→	Schafe	sheep	→	**sheep**
Fisch	→	Fische	fish	→	**fish**
Haar	→	Haare	hair	→	**hair**

② Trage in das Wortgitter immer die richtige Mehrzahl in Englisch ein.
Wenn du die Aufgabe richtig gelöst hast, kannst du in der grau unterlegten Spalte von oben nach unten ein Lösungswort finden.

Brücken						B	R	I	D	G	E	S
Kinder	C	H	I	L	D	R	E	N				
Tage								D	A	Y	S	
Städte							C	I	T	I	E	S
Spiele							G	A	M	E	S	
Hände						H	A	N	D	S		
Schlüssel							K	E	Y	S		
Finger			F	I	N	G	E	R	S			

Das Lösungswort lautet: Indianer.

Mildenberger Verlag

Lösungen zu Seite 8

Present simple negative sentences

Wiederholung

Im Deutschen bedeutet **present simple** soviel wie einfache **Gegenwartsform**.

Regel

Das present simple wird angewandt, wenn ein Lebewesen (ein Mensch oder ein Tier) etwas regelmäßig, oft, immer oder niemals tut.
Es wird stets mit der Grundform des Tätigkeitswortes gebildet. In der dritten Person Einzahl wird im Englischen bei he, she oder it immer ein **s** angehängt.

Merke: „Bei he, she, it – ein s muss mit!"

Beispiele: ich spiele, du spielst → I play, you play
er spielt, sie spielt, es spielt → he play**s**, she play**s**, it play**s**
wir spielen, ihr spielt, sie spielen → we play, you play, they play

Verneinung

Im Englischen werden zur Verneinung der Verben in der einfachen Vergangenheit die Langformen **do not** oder **does not** bzw. die Kurzformen **don't** oder **doesn't** gebraucht.

③ Trage in die rechte Spalte die richtigen Kurzformen der Verneinung von **to play** ein.

I do not play tennis.	I don't play tennis.
You do not play tennis.	You don't play tennis.
He, she, it does not play tennis.	He, she, it doesn't play tennis.
We do not play tennis.	We don't play tennis.
You do not play tennis.	You don't play tennis.
They do not play tennis.	They don't play tennis.

Lösungen zu Seite 9

Die Verneinung in der einfachen Gegenwart

④ Was wissen wir über Sarah? Schau das Bild genau an! Schreibe diesen Satz in die erste Zeile, die Übersetzung in die zweite.

Sarah likes ham and eggs and she likes apples.
Sarah doesn't like ham and eggs but she likes apples.
Sarah likes ham and eggs but she doesn't like apples.
Sarah doesn't like ham and eggs and she doesn't like apples.

Sarah likes apples.
Sarah mag Äpfel.

⑤ Was wissen wir über Kevin? Schau das Bild genau an! Schreibe diesen Satz in die erste Zeile, die Übersetzung in die zweite.

Kevin plays football and he plays the piano.
Kevin plays the piano but he doesn't play football.
Kevin plays football but he doesn't play the piano.
Kevin doesn't play the piano and he doesn't play football.

Kevin plays football.
Kevin spielt Fußball.

⑥ **Übersetze.**

I like bananas but I don't like pears.
Ich mag Bananen, aber ich mag keine Birnen.
I like dogs but I don't like cats.
Ich mag Hunde, aber ich mag keine Katzen.
I like coffee but I don't like tea.
Ich mag Kaffee, aber ich mag keinen Tee.
Ich mag Elefanten, aber ich mag keine Tiger.
I like elephants but I don't like tigers.
Ich mag Schokolade, aber ich mag keine Tomaten.
I like chocolate but I don't like tomatoes.
Ich mag Kirschen, aber ich mag keine Pflaumen.
I like cherries but I don't like plums.

Lösungen zu Seite 11

Die Verneinung in der Verlaufsform der Gegenwart

⑦ Hier siehst du einige Piktogramme. Das sind Symbole mit bestimmten Bedeutungen.

Schreibe zu jedem Schild den richtigen englischen Satz.

Bitte nicht rauchen. Please, don't smoke.
Bitte nicht reiten. Please, don't ride.
Bitte nicht halten. Please, don't stop.
Bitte nicht fahren. Please, don't drive.

⑧ Übersetze die deutschen Sätze in die englische Langform.

Ich schreibe nicht, ich lese. I am not writing, I am reading.
Du putzt nicht, du kochst. You are not cleaning, you are cooking.
Bill steht nicht, er sitzt. Bill is not standing, he is sitting.
Mary springt nicht, sie schwimmt. Mary is not jumping, she is swimming.
Es ist nicht dunkel, es ist hell. It is not dark, it is light.
Wir fahren nicht ans Meer, wir fahren in die Berge. We are not driving to the sea, we are driving to the mountains.
Ihr geht nicht ins Kino, ihr geht ins Theater. You are not going to the cinema, you are going to the theatre.
Sie spielen nicht Fußball, sie spielen Handball. They are not playing football, they are playing handball.

⑨ Übersetze ins Englische.

Er schreibt im Moment nicht.
He is not writing.
Sie lacht im Moment nicht.
She is not laughing.

Lösungen zu Seite 12

Questions without question words

Auf der Tafel stehen vier englische Fragesätze, von denen drei falsch sind.

1. Satz: Do Roger play the piano?
2. Satz: Does Roger play the piano?
3. Satz: Do Roger plays the piano?
4. Satz: Does Roger plays the Piano?

Welcher Satz ist die richtige Übersetzung von „Spielt Roger Klavier?"

Regel

Wir überlegen zunächst:
Der Vorname Roger kann durch das persönliche Fürwort **he** ersetzt werden. Das bedeutet, dass es sich um die 3. Person Einzahl handelt. Der Satz muss also mit **does** und darf nicht mit **do** beginnen. Also sind die Sätze 1 und 3 falsch.

He does

Wir überlegen weiter:
Bei der 3. Person Einzahl muss ein s angehängt werden. Wir erinnern uns: „Bei he, she, it – ein s muss mit." Im Satz 1 ist ein s und im Satz 4 sind zwei s angehängt. Also ist auch der Satz 4 falsch. Richtig ist somit nur der 2. Satz:

Does Roger play the piano? .

⑩ Wie heißen die folgenden englischen Fragesätze im Deutschen?

Are you from London?	Bist du aus London?
Are you from Scotland?	Bist du aus Schottland?
Does Amalie play the guitar?	Spielt Amalie Gitarre?
Does Susan lay the table?	Deckt Susan den Tisch?
Does she lay the table?	Deckt sie den Tisch?
Does he make the coffee?	Macht er den Kaffee?
Have you got a brother?	Hast du einen Bruder?

Lösungen zu Seite 13

Fragesätze ohne Fragewörter

⑪ Schreibe die Fragen und Antworten auf Englisch.

Schreibt der Vater einen Brief? Nein, er liest ein Buch.
Is father writing a letter?
No, he is reading a book.

Streichelt der Junge einen Hund? Nein, er streichelt eine Katze.
Is the boy stroking a dog?
No, he is stroking a cat.

Kocht die Mutter Spagetti? Nein, sie kocht Eier.
Is mother cooking spaghetti?
No, she is cooking eggs.

Spielt Sam Fußball? Nein, er spielt Handball.
Is Sam playing football?
No, he is playing handball.

Isst das Kind Kirschen? Nein, es isst Bananen.
Is the child eating cherries?
No, it is eating bananas.

Liegt der Ball auf dem Tisch? Nein, er liegt unter dem Tisch.
Is the ball lying on the table?
No, it is lying under the table.

⑫ Verwandle die folgenden Aussagesätze in Fragesätze.

Maths is fun.	Is maths fun?
School is cool.	Is school cool?
Tom is clever.	Is Tom clever?
Teachers are okay.	Are teachers okay?
Cars are fast.	Are cars fast?
Snails are slow.	Are snails slow?
The girl is nice.	Is the girl nice?
The boy is strong.	Is the boy strong?

Lösungen zu Seite 15

Fragesätze mit Fragewörtern

⑬ Ergänze in den folgenden Fragesätzen die fehlenden Fragewörter.

Why is Marcel up the tree?
What do you want for breakfast?
When does the boy get up?
What is your favourite colour?
Where is my bike?
Who is on the phone?
How old is the man?
Whose newspaper is that?

Who, What, Why, Where, How

⑭ Übersetze diese Wiederholungsfragen ins Deutsche.

Hello, how are you?	Hallo, wie geht es dir?
What is your name?	Wie heißt du?
What are their names?	Wie heißen sie?
What is that?	Was ist das?
Where do you go to school?	Wo gehst du zur Schule?
Where do you live?	Wo wohnst du?
Do you speak English?	Sprichst du Englisch?
How old are you?	Wie alt bist du?
How old are they?	Wie alt sind sie?

Lösungen zu Seite 16

Personal pronouns subject case

Wörter, die in einem Satz ein Hauptwort ersetzen können, nennt man Personalpronomen. Sie heißen im Deutschen persönliche Fürwörter und im Englischen personal pronouns. Personalpronomen können ein Subjekt, einen Satzgegenstand, ersetzen. Man spricht dann von „Personalpronomen in der Subjektform".

Regel

I, you, he, she, it / we, you, they

1. Person Einzahl	ich	I
2. Person Einzahl	du	you
3. Person Einzahl	er	he
3. Person Einzahl	sie	she
3. Person Einzahl	es	it
1. Person Mehrzahl	wir	we
2. Person Mehrzahl	ihr	you
3. Person Mehrzahl	sie	they

⑮ Ersetze in den folgenden Sätzen den Satzgegenstand durch ein persönliches Fürwort.

Merke: Das Personalpronomen als Subjekt steht in Aussagesätzen meist an erster oder zweiter Stelle.

Kevin is my brother.	He is my brother.
Mary is my sister.	She is my sister.
Mr Miller is my grandfather.	He is my grandfather.
Mrs Miller is my grandmother.	She is my grandmother.
Mr Brook is my teacher.	He is my teacher.
Mrs Brook is my teacher.	She is my teacher.
The dog is my friend.	It is my friend.
The cat is my friend.	It is my friend.

Lösungen zu Seite 17

Personalpronomen im Subjektfall

Welche persönlichen Fürwörter können ein Subjekt oder einen Satzgegenstand ersetzen?

1. Person Einzahl
Ich sage etwas über meine Person aus:
I am a boy

2. Person Einzahl
Ich sage etwas über eine andere Person aus:
You are a girl.

3. Person Einzahl
a) Ich sage etwas über eine männliche Person aus:
He is a policeman.
b) Ich sage etwas über eine weibliche Person aus:
She is a housewife.
c) Ich sage etwas über einen Gegenstand aus:
It is a book.

1. Person Mehrzahl
Ich sage etwas über meine Person und andere Personen aus:
We are football fans.

2. Person Mehrzahl
Ich sage etwas zu anderen Personen:
You are football fans.

3. Person Mehrzahl
Ich sage etwas über andere Personen aus:
They are football fans.

I am, You are, We are, You are, They are

⑯ Welches englische Personalpronomen trifft auf das jeweilige Bild zu? Kreise es ein.

(he) she it	he (she) it	he she (it)
he she (it)	he she (it)	he she (it)

Lösungen zu Seite 19

Personalpronomen im Objektfall

⑰ Zu jedem Bild sind vier Sätze angegeben. Aber nur jeweils ein Satz ist richtig. Schreibe diesen immer in die freie Zeile.

The boy can ask her.
The boy can ask us.
The boy can ask him.
The boy can ask them.

The boy can ask her.

Give us the pocket calculator, please.
Give me the pocket calculator, please.
Give her the pocket calculator, please.
Give them the pocket calculator, please.

Give me the pocket calculator please.

The postman gives him the letter.
The postman gives it the letter.
The postman gives her the letter.
The postman gives us the letter.

The postman gives her the letter.

Lösungen zu Seite 20

Prepositions of place

Präpositionen sind Verhältniswörter. Vor allem die Verhältniswörter des Ortes und der Zeit sind von besonderer Wichtigkeit.

Regel

Präpositionen des Ortes sind Wörter, mit denen beschrieben wird, wo sich etwas oder wo sich jemand befindet.
Wichtige Verhältniswörter des Ortes sind:

behind →	hinter	in front of →	vor
between →	zwischen	beside →	neben
over →	über	in →	in
under →	unter	on →	auf
across →	durch	along →	entlang
near →	nahe	against →	gegen

⑱ Trage in den folgenden Sätzen das richtige Verhältniswort in Englisch ein.

The boy is kicking his ball against the wall. (gegen)
The horse is swimming across the river. (durch)
The cat is standing beside the chair. (neben)
The book is lying on the table. (auf)
The man is parking his car in front of the house. (vor)
The plane is flying over the mountain. (über)
The fox is running behind the mouse. (hinter)
The cyclist is riding along the street. (entlang)

Lösungen zu Seite 21

Präpositionen des Ortes

Präpositionen werden oft in Redewendungen gebraucht, die nicht wörtlich übersetzt werden können. Diese muss man sich einfach merken. Einige Beispiele für „in" und „on" sollen dies zeigen:

in	in bed	in English	in the sky	in the world
	im Bett	auf Englisch	am Himmel	auf der Welt

on	on the left	on the right	on my way	on the train
	links	rechts	unterwegs	im Zug

⑲ Übersetze ins Englische.

Mein Vater läuft links.
My father is walking on the left.
Meine Mutter läuft rechts.
My mother is walking on the right.

Mein Bruder liegt im Bett.
My brother is lying in bed.
Eine Wolke ist am Himmel.
A cloud is in the sky.

Der Wal ist das größte Tier auf der Welt.
The whale is the biggest animal in the world.

Ein Zeppelin fliegt am Himmel.
A zeppelin is flying in the sky.

Ich bin unterwegs.
I am on my way.

Meine Lehrerin antwortet auf Englisch.
My teacher answers in English.

Lösungen zu Seite 23

Präpositionen der Zeit

⑳ Wie heißen die folgenden Sätze im Englischen?

Kim geht vor Mitternacht ins Bett.
Kim goes to bed before midnight.
Sven geht nach Mitternacht ins Bett.
Sven goes to bed after midnight.
Mary geht um 23.30 Uhr ins Bett.
Mary goes to bed at half past eleven.
Susan geht um 0.30 Uhr ins Bett.
Susan goes to bed at half past twelve.

㉑ Welche Präpositionen fehlen?

On Saturday he plays football.
Our teacher was born in December.
Santa Claus comes at Christmas.

I have lunch at half past twelve.
My father switches on the television at a quarter to eight.
It always snows a lot in February.
We always go to the mountains in summer.

㉒ Übersetze ins Englische.

Am Wochenende gehen wir schwimmen.
We are going swimming at the weekend.
In diesem Moment regnet es.
It is raining at the moment.
Abends gehen wir ins Bett.
We go to bed in the evening.
Am Schluss der Stunde singen wir ein Lied.
We sing a song at the end of the lesson.

Lösungen zu Seite 25

Besitzanzeigende Fürwörter

㉓ Hier siehst du den „Stammbaum" der Geschwister Emily, Bob, Roger und Susan.

Fülle die Leerstellen mit den richtigen besitzanzeigenden Fürwörtern aus.

Grandparents Black: „Father Black is our son."
Grandparents White: „Mother Black is our daughter."
Parents Black: „Emily, Bob, Roger and Susan are our children."
Emily and Susan: „Bob and Roger are our brothers."
Bob and Roger: „Emily and Susan are our sisters."
Emily, Bob, Roger and Susan: „Father and mother Black are our parents."

Lösungen zu Seite 27

Hinweisende Fürwörter

㉔ Trage in jedem Satz die beiden fehlenden Demonstrativpronomen ein.

This small house and these big houses are nice.
This girl and these boys are in my class.
This red ball and these blue balls are okay.
That rat and those mice are in my room.

㉕ Setze richtig „this" oder „that" bzw. „these" oder „those" vor die Hauptwörter.

This car here.	That car over there.
This shirt here.	Those shirts over there.
These books here.	Those books over there.
This bike here.	That bike over there.

㉖ Ergänze die jeweils fehlende Form in der Einzahl oder Mehrzahl.

that tomato	those tomatoes
that potato	those potatoes
this orange	these oranges
this banana	these bananas
that pear	those pears
this cherry	these cherries
that lady	those ladies
this teacher	these teachers

Lösungen zu Seite 28

The s-genitive singular

Wenn man beschreiben will, dass eine Person zu einer anderen Person in einer Beziehung steht, ein Gegenstand einer Person oder einem Tier gehört, wendet man im Englischen den Genitiv mit **s** an.

Regel

Der Genitiv mit **s** wird gebildet, indem an das Subjekt oder den Satzgegenstand in der Einzahl der Buchstabe s zusammen mit einem Apostroph (Auslassungszeichen) angehängt wird.

Beispiele für eine Person, die zu einer anderen Person in Beziehung steht:

… Vaters Sohn … | … father's son …
… Mutters Tochter … | … mother's daughter …

Beispiele für einen Gegenstand, der einer anderen Person gehört:

… Kims Bleistift … | … Kim's pencil …
… Katjas Radiergummi … | … Katja's rubber …

Beispiele für ein Tier, das einer Person gehört:

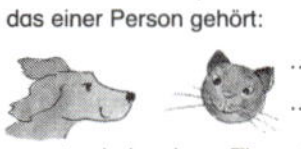

… Lauras Hund … | … Laura's dog…
… Bills Katze … | … Bill's cat…

Beispiele für einen Gegenstand, der einem Tier gehört:

… der Knochen des Hundes … | … dog's bone …
… der Ball der Katze … | … cat's ball …

㉗ Übersetze ins Deutsche.

This is Tom's uncle.
Dies ist Toms Onkel.
This is Mary's aunt.
Dies ist Marys Tante
This is Mr Miller's pear.
Dies ist Herrn Millers Birne.
This is Mrs Miller's apple.
Dies ist Frau Millers Apfel.

Lösungen zu Seite 29

Der zweite Fall mit s in der Einzahl

㉘ Neben jedem der folgenden vier Bilder stehen jeweils vier Sätze, von denen aber immer nur einer zu dem Bild passt. Die Kennbuchstaben der richtigen Sätze ergeben, von oben nach unten gelesen, ein Lösungswort.

Mary's book is green. — (K)
Mary's book is black. — I
Mary's book is red. — M
Mary's book is blue. — R

Bobby's bike is grey. — S
Bobby's bike is red. — (I)
Bobby's bike is yellow. — Z
Bobby's bike is pink. — A

This is Tom's uncle. — Y
This is Tom's brother. — (N)
This is Tom's sister. — P
This is Tom's aunt. — C

This is Ellen's brother. — D
This is Ellen's uncle. — J
This is Ellen's aunt. — X
This is Ellen's sister. — (G)

Das Lösungswort heißt im Englischen king und im Deutschen König.

Lösungen zu Seite 31

Der zweite Fall mit s in der Mehrzahl

㉙ Schreibe jeweils den richtigen Satz in die freie Zeile.

The children have got a yellow ball.

The children's
The childrens' ball is yellow.
The childrens's

The children's ball is yellow.

My parents have got a nice garden.

My parent's
My parents' garden is nice.
My parents's

My parent's garden is nice.

The Miller family has got a new house.

The Miller's
The Millers' house is new.
The Millers's

The Millers' house is new.

The Brook family has got an old picture.

The Brook's
The Brooks' picture is old.
The Brooks's

The Brooks' picture is old.

Lösungen zu Seite 32

The of-genitive

Auf den letzten Seiten hast du den Genitiv mit „s" kennengelernt. Nun wollen wir uns den Genitiv mit „of" näher ansehen.

Der s-genitiv wird bei Menschen und Tieren, der of-genitiv bei Gegenständen und Sachen gebraucht.

Regel

1. Mengenangaben werden mit dem Wort „of" gebildet. Dieses Wort verbindet die Anzahl der Dinge (beispielsweise zehn Gläser) mit den Dingen selbst (beispielsweise Wasser): 10 glasses of water.
2. Wenn eine Sache oder ein Gegenstand zu einer anderen Sache gehört, wird diese Beziehung durch das Wort „of" ausgedrückt.

Beispiel:
Das Ende der Straße.
The end of the street.

Merke: Manchmal sagt man „Die Tochter von Frau Stein" oder „Der Sohn von Herrn Müller". Versuche nie, diese Sätze wörtlich zu übersetzen. Der Genitiv mit of wird nur dann gebraucht, wenn es sich nur um Sachen und nicht um Lebewesen handelt. Also gilt hier „Mrs Stone's daughter" oder Mr Miller's son".

㉚ Übersetze

5 litres of milk. — 5 Liter Milch.
4 pounds of sugar. — 4 Pfund Zucker.
7 kilos of pears. — 7 Kilo Birnen.
9 pieces of cake. — 9 Stücke Kuchen.
8 bars of chocolate. — 8 Tafeln Schokolade.
2 bottles of water. — 2 Flaschen Wasser.
3 cups of tea. — 3 Tassen Tee.
6 glasses of juice. — 6 Gläser Saft.

Lösungen zu Seite 33

Der zweite Fall mit of

㉛ Übersetze ins Englische.

Eine Packung Spagetti.
A packet of spaghetti.
Ein Kilo Kirschen.
A kilo of cherries.
Eine Schüssel Suppe.
A bowl of soup.
Eine Dose Ananas.
A tin of pineapple.
Eine Tasse Kaffee.
A cup of coffee.
Eine Flasche Bier.
A bottle of beer.
Ein Glas Wein.
A glass of wine.

㉜ Übersetze ins Deutsche.

The winner of the game.
Der Gewinner des Spiels.
The middle of the table.
Die Mitte des Tisches.
The end of the street.
Das Ende der Straße.
The front door of the house.
Die vordere Tür des Hauses.
The walls of the room.
Die Wände des Zimmers.